Sprachwelten Italienisch

Un'estate a Rimini

Alessandra Felici Puccetti
Roberta Rossi
Tiziana Stillo

circon

Baierbrunner Straße 27, 81379 München
Ausgabe 2025
7. Auflage

Redaktion: Isabella Bergmann
Fachkorrektur: Erica Dinale, Berikon (CH)
Produktion: Ute Hausleiter
Titelillustration: fotolia.com/popocorn8
Umschlaggestaltung und Gestaltung: red.sign GbR, Stuttgart

ISBN 978-3-8174-1938-8
381741938/7

www.circonverlag.de

Lesen und Lernen mit den Sprachwelten

So abwechslungsreich war **Italienischlernen** noch nie! Die Sprachwelten kombinieren unterhaltsames Lesen mit dem bewährten didaktischen Konzept der Reihe Lernkrimi. Die vier Kurzgeschichten sind von **muttersprachlichen Autoren** verfasst und genau auf Ihr **Lernniveau** abgestimmt – perfekt für den Unterricht oder individuelles Lernen.

Wörter, die noch unbekannt sind, werden direkt auf der Seite übersetzt, so ist kein zusätzliches Nachschlagen erforderlich. Das **alphabetische Glossar** am Ende des Buches bietet eine Übersicht aller **Vokabeln** mit ihren Übersetzungen. Im **phase6-Vokabeltrainer** sind diese sogar vertont.

Jede Kurzgeschichte enthält abwechslungsreiche, auf den Text bezogene **Übungen** zu Wortschatz, Grammatik und Textverständnis, die zum aktiven Lernen motivieren. Überprüfen Sie Ihren Lernerfolg einfach im **Abschlusstest**. Im Anhang finden Sie alle **Lösungen**.

Ergänzend zu jeder Kurzgeschichte verweisen **Infokästen** auf sprachliche und landeskundliche Besonderheiten.

Inhalt

Storie sotto il Colosseo ... 5
Contro le barriere ... 25
Un'estate a Rimini ... 51
Una decisione d'istinto ... 77
Test finale ... 104
Soluzioni ... 106
Glossario ... 108
Indice degli esercizi ... 126

Storie sotto il Colosseo

di Roberta Rossi

Beppe ist der Inhaber einer kleinen Gaststätte und einer italienischen Bar direkt vor dem Kolosseum. Hier erlebt der Besitzer täglich kleinere Tragödien und ganz alltägliche Geschichten, die ihn bewegen.

Beppe: Der gebürtige Römer liebt seine Stadt und seine Arbeit und sucht täglich das Gespräch mit seinen Gästen. In seine Bar kommen nicht nur zahlreiche Touristen, sondern auch Politiker, Schauspieler und ganz normale Leute, die in unmittelbarer Nähe wohnen. Heute ist für Beppe ein ganz besonderes Ereignis: sein Geburtstag!

Lietta: Die pensionierte Grundschullehrerin Lietta kümmert sich liebevoll um streunende Katzen in Rom und trinkt täglich bei Beppe einen Espresso. Sie sorgt nicht nur für amüsante Neuigkeiten, sondern ist im entscheidenden Moment für Beppe da.

Francesca: Nachdem sie ihre drei Kinder in die Schule bringt, gönnt sich Francesca eine kleine Pause von dem morgendlichen Stress bei Beppes Bar, der schon länger heimlich ein Auge auf die attraktive Frau geworfen hat. Doch eines Tages kommt sie nicht mehr in die Bar ...

Beppe ha un ristorante che **guarda proprio** sul Colosseo, a Roma. Da lui arriva gente di tutti i tipi, perché il suo locale è un'osteria storica, che la sua famiglia **gestisce** da tante generazioni. Negli ultimi anni Beppe ha avuto l'idea di aprire un bar: qui la gente, quando vuole, può anche solo prendere un caffè. Il suo locale è amato anche da molti romani.

In Italien ist mit einem **caffè** immer ein Espresso gemeint.

Ci sono tanti turisti che vengono a mangiare da lui: molti giapponesi, ma anche tedeschi, americani, inglesi, cinesi, russi... E poi ci sono quelli che Beppe chiama gli '**abituali**', le persone che vengono alla sua osteria regolarmente.

Come Lietta, una "gattara" che porta da mangiare ai gatti che vivono tra le rovine del Colosseo.

Streunende **Katzen (gatti)** in Rom leben königlich und werden von vielen Restaurants und Katzenliebhaberinnen **(le gattare)** gefüttert. Deshalb wimmelt es in Rom nur so von Miezen.

La **vecchietta** prende il caffè al bar ogni giorno, la mattina verso le otto, perché dice che le piace **alzarsi** presto.

"Sono una **maestra** in pensione. Non mi sono mai sposata, anche se una volta mi sono **innamorata**... Ma lui non mi ha voluto... Era un professore dell'Università La Sapienza di Roma. Ha sposato una mia amica. **Da allora** a me l'amore non ha più interessato. Quando lavoravo, avevo i bambini a scuola, **adesso** ho i gatti del Colosseo. Loro sono come tanti

guardare	*hier:* gehen (auf); schauen
proprio	genau
gestire	betreiben
abituale *m/f*	*hier:* Stammgast
vecchietta *f*	alte Dame
alzarsi	aufstehen
maestra *f*	(Grundschul-)lehrerin
innamorato	verliebt
da allora	seitdem
adesso	jetzt

figli per me," **racconta**, dopo che Beppe ha messo nel suo caffè un po' di grappa.
"Si chiama caffè corretto, cara Lietta! Ti fa bene un po' di grappa," dice Beppe.
E lei beve e **continua a parlare**, forse un po' troppo.
Ma Beppe non racconta mai a nessuno quello che gli dicono gli amici o la gente. Questa è la sua etica morale.
A volte Lietta porta con sè qualche gatto, **nascosto** in una borsa. Quando Lietta viene con un gatto, Beppe la fa sedere a un tavolino fuori. È **divertente** vedere come lei e il suo gatto guardano la gente che va e viene davanti al Colosseo.
A volte Lietta **impiega** più di un'ora a finire di leggere il giornale, *La Repubblica* (i), che compra da più di vent'anni, da quando Beppe la conosce. Allora, la prima volta che l'ha vista, Beppe aveva ventidue anni, adesso ne ha quarantadue. Oggi è proprio il suo **compleanno**. È un giovedì e sa che vengono le **solite** persone. Ci sono Umberto e Leonardo, **impiegati** di una banca lì vicino.
Parlano sempre di lavoro e sono di una **noia** terribile.
Normalmente discutono a chi dare un credito e a chi no.

raccontare	erzählen
continuare a parlare	weiterreden
a volte	manchmal
nascosto	versteckt
divertente	unterhaltsam
impiegare	benötigen (im Sinne von Zeit)
compleanno *m*	Geburtstag
solito	üblich, gewohnt
impiegato *m*	Angestellter
noia *f*	Langeweile

(i) Die zwei bekanntesten Tageszeitungen in Italien sind: **La Repubblica** (Sitz: Rom) und **Il Corriere della Sera** (Sitz: Mailand). Eine der auflagenstärksten Tageszeitungen, die nur über Sport berichten, ist **La Gazzetta dello Sport**, gut erkennbar an seinem auffällig rosa eingefärbtem Zeitungspapier.

Esercizio 1: Plurale. Schreiben Sie den Plural mit dem bestimmten Artikel auf!

1. la storia *le storie*
2. il caffè ____________
3. l'amica ____________
4. il prete ____________
5. l'anno ____________

"Ma non sanno proprio di cosa parlare quei due?" **si chiede** tra sé Beppe.

C'è poi Marisa, che lavora in un negozio e i camerieri chiamano "cuore **solitario**", perché durante la pausa pranzo è sempre su Twitter o su qualche **pagina** Internet per trovare un **fidanzato**. I camerieri lo sanno, perché uno di loro, Albertino, è innamorato di lei. Albertino ha provato a contattarla su un **sito** Internet con un falso nome e sono **mesi** che si parlano online. Ma Albertino è molto **timido** e non **ha il coraggio** di dire la verità.

chiedersi	sich fragen
solitario	einsam
pagina *f*	Seite
fidanzato *m*	fester Freund, Verlobter
sito *m*	Webseite
mese *m*	Monat
timido	schüchtern
avere il coraggio	den Mut haben
divertirsi	sich amüsieren

Così Beppe **si diverte** a vedere come Albertino cerca di essere sempre il cameriere di Marisa, anche quando non è il suo turno.

Albertino ha parlato di Marisa solo con Beppe, ma gli altri camerieri hanno capito tutto.
Rodolfo è sposato da quindici anni e **tradisce** regolarmente la moglie.
Amedeo è un ex modello che ora ha quarant'anni. È **rimasto senza soldi** e lavoro, e così **ha deciso** di fare il cameriere. Lui e Beppe si conoscono dall'**infanzia**, **hanno giocato** insieme lungo il Tevere(i).

Der Tiber (**Tevere**) fließt durch die Hauptstadt Roms und ist der drittlängste Fluss Italiens.

Amedeo e Rodolfo si divertono a scherzare con il giovane Albertino.
"Albertino, oggi non è il tuo turno per servire questo tavolo! Ma cosa fai!" gli dice Amedeo.
"Signorina, la **disturba**?" chiede Rodolfo.
"Ma no! Questo cameriere è sempre tanto **gentile** con me!" risponde Marisa. "Spesso mi porta anche il tiramisù gratis..." dice lei, sperando che lo porti anche quel giorno.
"**Intanto** pago io! Qui siamo generosi con le belle signorine..." dice Beppe e **ride**.
Chiaramente Marisa non **si è** ancora **accorta** di quell'uomo tanto interessato a lei. **Invece** continua a uscire con gli uomini che conosce sui siti Internet. Una volta Beppe l'ha vista **piangere** con un'amica.
"**È venuto a letto con** me... E, poi, la mattina dopo è an-

tradire	betrügen
rimanere senza soldi	blank sein
decidere	entschließen
infanzia *f*	Kindheit
giocare	spielen
disturbare	stören
gentile	höflich
intanto	einstweilen
ridere	lachen
accorgersi	merken
invece	dagegen
piangere	weinen
ϟ **venire a letto con qc.**	mit jmd. schlafen

dato via senza salutarmi. Quando ho provato a contattarlo con un messaggio con il **telefonino**, non solo non mi ha risposto, ma ha bloccato il mio numero... Forse è sposato!" ha raccontato all'amica. Albertino le ha portato un **fazzoletto di carta**.

Ma Marisa non ha praticamente **neanche** visto il **povero** Albertino.

telefonino *m*	Handy
fazzoletto *m* **di carta**	Papiertaschentuch
neanche	nicht einmal
povero	arm
capello *m*	Haar
azzurro	(Himmel)blau

Al bar c'è un'altra donna che viene ogni giorno a bere un caffè, dopo aver portato i figli a scuola. È Francesca. Ha lunghi **capelli** biondi e grandi occhi **azzurri**.

Esercizio 2: Verbi regolari e irregolari. Schreiben Sie die Verbformen im Präsens in die Lücken!

1. Albertino essere ____è____ innamorato di Marisa.
2. I camerieri sapere ________ che Albertino è innamorato di Marisa.
3. Marisa essere ________ sempre su qualche pagina in Internet per trovare un uomo.
4. Rodolfo tradire ________ regolarmente la moglie.

Beppe sa che ha tre figli. Parla poco normalmente. Beve il caffè e lui la vede spesso guardare nel **vuoto**. A Beppe piace molto Francesca. Lui cerca ogni volta di parlare con lei, ma Francesca **ha paura**.

Un giorno Beppe **ha scoperto** il suo mistero.

"Mio marito è molto **geloso**. Devo tornare **subito** a casa dopo aver portato i nostri figli a scuola..." ha detto Francesca.

"Quanti anni hanno i tuoi figli?" ha chiesto Beppe.

"Hanno sei, otto e dieci anni, ma per favore non parlare con me. Mio marito sta arrivando. **Si arrabbia** moltissimo, se mi vede parlare con te. E poi..." ha detto lei.

"E poi cosa, Francesca? Ma tuo marito non lavora?" ha domandato Beppe.

vuoto *m*	Leere
avere paura	Angst haben
scoprire	entdecken
geloso	eifersüchtig
subito	sofort
arrabbiarsi	sich ärgern, wütend werden
uscire	ausgehen
quartiere *m*	Wohnviertel
divorziare	sich scheiden lassen
casalinga *f*	Hausfrau
per esempio	zum Beispiel

"Non ha tanta voglia di lavorare e poi beve. La sera **esce** con gli amici al **quartiere** del Testaccio (i)," ha detto lei.

"Perché non **divorzi**?" ha chiesto lui.

"Per i miei bambini... E poi, io sono una **casalinga** con tre figli... Ma chi mi vuole?" ha detto ancora lei, molto triste.

"Io **per esempio**! Sei bella, dolce e intelligente. Puoi trovare un lavoro. Anche qui, se vuoi..." le ha detto Beppe.

> (i) Der Monte **Testaccio** in Rom ist ein Hügel, der einst auf antiken Amphorenscherben erhoben wurde. Das Stadtviertel trägt deshalb den Namen Testaccio und ist zum abendlichen Ausgehen sehr beliebt, weil sich dort zahlreiche Restaurants und Nachtclubs befinden.

In quel momento è entrato il marito e l'ha portata via.
Da allora **è passata** una settimana e Beppe non ha più visto Francesca. Purtroppo conosce solo il suo nome.
Beppe ha chiesto aiuto a Riccardo, un carabiniere che viene spesso con un collega a **cenare** da lui.
Lui e Riccardo sono amici, perché a **entrambi** piace guardare il **calcio**. **Tengono** tutti e due alla **squadra** del Milan, mentre la **maggior parte** dei romani tiene per la squadra della Roma. Ma così Riccardo viene spesso la domenica a guardare le **partite** di calcio alla televisione sopra il bar, insieme a Beppe.
Beppe non è un uomo che ha avuto tante storie importanti, solo un paio, finite male. Ma Francesca ha qualcosa di speciale per lui. Con Francesca è stato **amore a prima vista**.

passare	(zeitlich) vergehen
cenare	zu Abend essen
entrambi	(alle) beide
calcio *m*	Fußball
tenere	*hier:* Fan sein
squadra *f*	Mannschaft
maggior parte *f*	Mehrzahl
partita *f*	Spiel
amore *m* **a prima vista**	Liebe auf den ersten Blick

Esercizio 3: Parole della stessa famiglia. Welche Substantive haben denselben Stamm wie die Verben? Leiten Sie ab!

1. raccontare ___*il racconto*___
2. amare ____________
3. uscire ____________
4. cenare ____________

Il giovedì è anche la giornata di quel politico importante.
Il politico paga e lascia anche una buona **mancia** per il cameriere, ma è molto arrogante.
È un politico importante, ma Beppe dice che non è molto intelligente.
A volte viene anche una star di Hollywood e si siede a mangiare una bella pasta. Di solito gli **attori** sono quasi sempre gentili.
Per Beppe Roma è una città magica.

Esercizio 4: Traduzione. Lesen Sie weiter und übersetzen Sie die markierten Wörter!

È un posto dove tutto **sembra** **1.** möglich ________________,

dove i **sogni** possono diventare realtà. **2.** heute ________________

Beppe pensa che qualcosa di magico sta per **accadere** nel suo locale.

Forse è la **3.** Glück , Glückseligkeit ________________ per il suo

4. Geburtstag ________________.

Beppe è nato e **cresciuto** a Roma nel quartiere di Trastevere.
È pieno di ristoranti e locali, dove tante persone escono la sera. Beppe è un romantico e una di quelle persone che credono ai **segni** del **destino**.
Dopo aver visto da bambino "Il **cielo** sopra Berlino" di Wim Wenders, Beppe crede agli **angeli**.
Ha sempre **aspettato** un angelo nel suo locale. Ma finora non è mai arrivato.

Bei **Verwandtschaftsbezeichnungen** im Singular steht kein bestimmter Artikel vor dem Possessivadjektiv (mio, tuo usw.): *mio padre* (mein Vater), *Suo marito* (Ihr Ehemann) usw. Das gilt aber nicht für loro: *la loro figlia* (ihre Tochter).

Non l'ha mai detto a nessuno, nemmeno a sua mamma. Lei vive con lui nel suo grande appartamento a Trastevere.
Era di suo padre[i] prima, come il bar. E tutti hanno sempre pensato che Beppe avrebbe preso il suo posto: in Italia spesso i figli fanno il lavoro dei genitori.
Beppe **ha cominciato** presto ad **aiutare** suo padre e a lavorare nell'osteria.

Gnocchi alla romana sind ein typisch römisches Gericht: Grießnocken werden mit viel Parmesankäse im Ofen überbacken.

Sua madre aiuta a casa: ancora adesso prepara ogni giorno la pasta fresca, come gli gnocchi alla romana[i] o il tiramisù, e Beppe li porta all'osteria.
Sono buonissimi e spesso qualche cliente gli chiede la **ricetta**.
"Beppe, mi puoi dire come si fa questo tiramisù? È veramente buonissimo!" dice un cliente.
"No, è un **segreto** della mamma!" risponde ogni volta Beppe.
Gli piace lavorare nella sua osteria e al bar, che, per lui, sono una vera scuola di vita.
"Forse oggi arriva **davvero** un angelo!" dice tra sè.

mancia *f*	Trinkgeld
attore *m*	Schauspieler
sembrare	scheinen
sogno *m*	Traum
accadere	passieren
crescere	aufwachsen
segno *m*	Zeichen
destino *m*	Schicksal
cielo *m*	Himmel
angelo *m*	Engel
aspettare	(er)warten
cominciare	anfangen
aiutare	helfen
ricetta *f*	Rezept
segreto *m*	Geheimnis
davvero	wirklich

Ci **spera** come un bambino che sa che Babbo Natale[i] non esiste.

Come ogni mattina, dopo una bella doccia, Beppe esce alle sei per andare al ristorante. Controlla le **donne delle pulizie** che **puliscono** tutto.

> Auch in Italien sieht man zur Weihnachtszeit oftmals den Weihnachtsmann (**Babbo Natale**) in Einkaufszentren oder im Fernsehen. Die Geschenke überbringt offiziell aber das Christkind (*Gesù Bambino*) am 25. Dezember.

I primi clienti arrivano già alle sei e mezzo per fare colazione.

Quel giorno ci sono più **uomini d'affari** del solito.

Deve esserci una conferenza internazionale in città.

Beppe guarda un gruppo di cinesi che ridono.

"Bella Roma! Dolce vita!" dice uno di loro in inglese, con un forte accento cinese.

"Buono, buono... il cappuccino!" dice un altro.

"Prima volta a Roma?" chiede Beppe.

"Sìììì!" rispondono tutti.

Lietta arriva con la gatta Ciotta nella borsa. Si siede fuori al suo solito tavolino. È una bella giornata di sole e la gatta esce dalla borsa e si siede sui piedi.

"Miaoooo!!!" fa il gatto.

"Ciao Lietta, come state? Ciotta mi saluta!" dice Beppe.

"Sì, lei è tanto dolce. E tu le piaci!" risponde Lietta.

"**Peccato** che le donne non sono come Ciotta..." dice Beppe. "Non ho mai molta fortuna con loro!"

"Ma cosa dici? Un uomo tanto bello come te e con un bel lavoro?" scherza Lietta.

Beppe ride e **accarezza** la gatta.

"È da un po' di tempo che non vedo quella donna... Come si chiama?" domanda Lietta.

"Francesca!" risponde subito Beppe.

"Ecco... Lei è una bella donna, semplice, dolce... Mi ha invitato qualche volta per un caffè... È una mamma che ama i suoi figli. Peccato... perché ha un marito che la **picchia**!" dice Lietta.

"Cosa!? Cosa!?" **esclama** Beppe.

Si siede **vicino a** Lietta.

"Voi uomini! Avete sempre 'le **fette** di salame sugli **occhi**'!" dice Lietta. Gli occhi di lei diventano molto tristi.

"Una volta ho visto che aveva un occhio nero..." racconta Lietta.

"Ah... Quella volta che aveva gli **occhiali da sole**... Come ho fatto a non vedere?" si chiede Beppe.

"Spesso non vogliamo pensare le cose più brutte delle persone che amiamo..." dice Lietta.

Beppe **abbassa** gli occhi triste.

Nel frattempo al bar sono arrivate molte persone.

Ci sono tanti studenti che vengono qui per un caffè prima di andare all'università, ma anche gente che lavora al Colosseo o al **Governo** e al Parlamento.

"Mi dispiace tanto... Lavoro tantissimo e non vedo le persone che hanno bisogno di me. Anche mia madre me lo dice sempre. Mi dice che sono un egoista, che penso solo a me, invece di fare una famiglia... Mi dice che non mi vuole come

sperare	hoffen
donna *f* **delle pulizie**	Reinigungsfrau
pulire	putzen
uomo *m* **d'affari**	Geschäftsmann
Peccato!	Schade!
accarezzare	streicheln
picchiare	schlagen
esclamare	ausrufen
vicino a	neben
fetta *f*	Scheibe
occhio *m*	Auge
occhiali *m, pl* **da sole**	Sonnenbrille
abbassare	senken
nel frattempo	in der Zwischenzeit
governo *m*	Regierung

mio padre. Alla fine è morto di infarto, lo sai? Ha sempre lavorato troppo..." **ricorda** lui.
"Tuo padre è stato un vero signore. In questa Italia corrotta è difficile trovare persone come voi..." dice Lietta.
"Grazie, sei troppo gentile! Sono stanco, lavoro tanto. Forse devo prendere un socio..." dice lui.
"Beh... Io **sono disponibile**. Ho tanta voglia ancora di lavorare e ho tanto da dare!" dice lei.
"Fammi pensare: forse puoi aiutare per qualche[i] ora... E da oggi, Lietta, il caffè è gratis per te. Sei sempre benvenuta qui e puoi anche stare seduta qui tutto il giorno! Sai, oggi è il mio compleanno!" dice Beppe.
"**Auguri**! Buon compleanno!" dice Lietta.
Si alza in piedi e lo **bacia** sulle **guance**.
"Vado allora e oggi pomeriggio torno con una bella torta di mele..." dice la vecchietta.
Beppe l'**abbraccia**.
"Non devi **disturbarti** con la torta! Grazie degli auguri! Un abbraccio è abbastanza per me!"
Beppe torna al bar per aiutare. Lietta prende la borsa e va via.
La mattina Beppe non **nota** nulla di nuovo. Ci sono moltissime persone. Forse sono tutti in città per quella conferenza internazionale. Uno dei temi **principali** è l'**immigrazione**.

Nach **qualche** folgt immer der Singular: *qualche ora* (einige Stunden), nach *alcune/i* hingegen steht immer der Plural: *alcuni studenti, alcune ragazze* (einige Studenten, einige Mädchen).

ricordare	erinnern
essere disponibile	zur Verfügung stehen
Auguri!	Herzlichen Glückwunsch!
baciare	küssen
guancia *f*	Wange
abbracciare	umarmen
disturbare	*hier:* keine Umstände machen
notare	(be)merken
principale	Haupt-
immigrazione *f*	Einwanderung

Beppe **è convinto** che in Italia non **riescono** più **a** controllarla tanto. Lui cerca di dare lavoro anche agli immigrati quando può. Pensa che sono persone che cercano una **migliore opportunità** in un altro **paese**. Se una volta c'era il sogno americano, adesso esiste anche il sogno italiano.

Mentre Beppe pensa questo, entra nella sua osteria un **venditore** di rose.

I camerieri vogliono farlo uscire subito, ma Beppe gli **offre** invece un caffè.

"Grazie! Grazie, buon signore..." dice lui.

Quel giorno Umberto e Leonardo, i due impiegati di banca, arrivano prima. Umberto è molto nervoso. Sono alcuni anni, che Beppe li vede sempre insieme per pranzo. Umberto porta una **fede**, Leonardo no. Quel giorno **decide** di servire lui a loro il pranzo.

essere convinto	überzeugt sein
riuscire a fare qc.	es schaffen, etw. zu tun
migliore	besser
opportunità *f*	Gelegenheit, Chance
paese *m*	Land
venditore *m*	Verkäufer
offrire	anbieten
fede *f*	Ehering
decidere	beschließen

Esercizio 5: Festa. Welche Ausdrücke verwenden Sie bei welcher Feier oder Situation? Ordnen Sie zu!

1. ☐ Frohe Ostern!	a) Buon Natale!
2. ☐ Herzlichen Glückwunsch!	b) Buon anno!
3. ☐ Prost!	c) Auguri!
4. ☐ Frohe Weihnachten!	d) Buona Pasqua!
5. ☐ Frohes neues Jahr!	e) Cincin!

A Beppe piace ancora lavorare come cameriere, come quando era ragazzo. Così ha la possibilità di conoscere veramente i suoi clienti.
"Allora, come state oggi?" domanda Beppe.
Umberto ha ordinato un piatto tipico di Roma, i saltimbocca alla romana. Leonardo ha deciso, invece, di mangiare gli spaghetti cacio e pepe [i]. Entrambi hanno poi ordinato un bicchiere di vino bianco.

Saltimbocca alla romana sind kleine Kalbsrouladen mit Schinken und Salbei.
Spaghetti cacio e pepe sind Nudeln mit einer cremigen Sauce aus Pecorinokäse und schwarzen Pfeffer – zwei typisch romanische Gerichte.

"Abbiamo finalmente convinto quel cliente ad aprire il suo **conto corrente** alla nostra banca" dice Umberto.
"Mah! Speriamo bene... È da mesi che ci proviamo," dice Leonardo.
"Come va?" chiede Beppe.
"Ciao Beppe. Abbastanza bene..." risponde Umberto.
"Ah sì?" dice Beppe mentre serve a entrambi il mangiare.

conto *m* **corrente**	Girokonto
preoccupato	besorgt
prendere in giro	auf den Arm nehmen

"È il primo giorno di scuola di mio figlio. Lui è timido, quindi sono un po' **preoccupato**," dice Umberto.
"Con tutti questi problemi di scuola che si sentono, ti capisco. Io ho avuto un problema con mia nipote, la figlia di mia sorella. La **prendevano in giro** su Facebook, perché è grassa," dice Leonardo.
"È proprio questo il problema! I bambini spesso non parlano. E mio figlio Giorgetto è così. Mia figlia, invece, è diversa. Ha già diciotto anni e non ha avuto mai problemi," racconta Umberto.
Beppe ride, quando vede che i due hanno finalmente cominciano a discutere tra loro e non solo di lavoro.

"Ma come, hai due figli? Ma, quindi, non sei gay come me..." dice Leonardo.

Beppe **riflette** su come **basta** poco per **spingere** le persone ad aprirsi.

Ma cosa vede adesso?

È Marisa, la donna che cerca uomini via Internet. Finalmente sta parlando con Albertino. E poi...

Lui le ha scritto il numero di telefono su un **tovagliolo di carta** del ristorante.

Nota come Amedeo e Rodolfo lo guardano.

Marisa e Albertino, invece, ridono e sembrano molto felici.

Marisa esce per tornare al lavoro, ma poi **si volta**, lo saluta e gli **lancia** un bacio con la mano.

Albertino è **contentissimo**.

riflettere	*hier:* nachdenken
bastare	genügen, ausreichen
spingere	(an)schieben
tovagliolo *m* **di carta**	Papierserviette
voltarsi	sich drehen
lanciare	werfen
contento	zufrieden
di fronte (a)	gegenüber (von)
veloce	schnell
marciapiede *m*	Bürgersteig

"Mi ha dato il primo appuntamento! Andiamo in una pizzeria vicino a casa sua... ai Parioli, presso Villa Borghese! E già domani sera!" dice con tanta felicità.

"In bocca al lupo[i]!" si sente dire in coro dalla gente al ristorante, oltre che da Beppe e dai camerieri.

Wenn man jemanden viel Glück wünscht (z. B. bei einer Prüfung), dann sagt man **in bocca al lupo** (wörtlich: Im Maul des Wolfs). Die Antwort darauf muss dann heißen: *Crepi (il lupo)*!

C'è molta euforia nell'osteria e al bar. Poi, poco dopo, Beppe vede una scena che accade **di fronte al** Colosseo.

Ma... è Lietta! Non ha più il gatto con sé, ma ha una torta di mele. La mette **veloce** sul **marciapiede**.

E, con l'altra mano, picchia con una borsetta il politico antipatico, che è **appena sceso** dalla sua macchina elegante.
"**Vergogna**! Vergogna! Ho letto oggi sul giornale che ha appena passato una **legge** sulla **caccia**. Lei è un mostro! E non è benvenuto in questo posto! Nessuno lo vuole vedere!" dice Lietta arrabbiata.
Beppe vede il politico, come in una scenetta comica, che **scappa** correndo da un lato all'altro del Colosseo, inseguito da Lietta e dietro di lei dalle **guardie del corpo**.
Alla fine lui e le sue due guardie del corpo, due uomini **robusti**, **salgono** in macchina e vanno via.
Beppe e le altre persone del locale ridono divertite.
Lietta entra trionfante nell'osteria. Tutti applaudono.
"Finalmente ci **hai liberato** da quella brutta persona!" dice Beppe.
Lietta lo abbraccia e mette la torta sul **bancone** del bar.
"Ecco, è il tuo **regalo** di compleanno, Beppe!"
I camerieri cominciano a tagliare la torta e a servirla a tutti i presenti con un bicchiere di champagne offerto da Beppe.
Lietta ha qualcosa di importante da dire a Beppe.
"Sono preoccupata per Francesca! Chiama subito Riccardo, quel carabiniere, e vediamo di **salvare** quella donna. **È sparita**... Sono sicura che **è in pericolo**!" racconta Lietta.
"Lo faccio subito!" dice lui.

appena	gerade
scendere	aussteigen
Vergogna!	Schande!
legge *f*	Gesetz
caccia *f*	Jagd
scappare	fliehen
guardia *f* **del corpo**	Leibwache, Bodyguard
robusto	kräftig
salire	steigen
liberare	befreien
bancone *m*	Theke
regalo *m*	Geschenk
salvare	retten
sparire	verschwinden
essere in pericolo	in Gefahr sein

Beppe chiama Riccardo. Passa un'ora e nulla succede. Ma poi il telefono **suona**: è la polizia.

Hanno scoperto che da tre giorni il marito ha portato da solo i figli a scuola. La polizia è andata a casa di Francesca e del marito e hanno trovato la moglie **legata** al letto.

Francesca non ha mangiato per tre giorni e la polizia l'ha salvata. O meglio Beppe e Lietta l'hanno salvata.

Il marito è finito in **prigione**, mentre i bambini sono stati portati al mare dalla nonna. Beppe abbraccia Lietta che, intanto, ha già cominciato ad aiutare al bar. **In effetti** è brava con i clienti.

Come maestra insegnava ai suoi **alunni** inglese, francese e anche tedesco. Beppe vede che i turisti ridono e si divertono a parlare con lei.

suonare	*hier:* klingeln
scoprire	entdecken
legato	gefesselt
prigione *f*	Gefängnis
in effetti	in der Tat
alunno *m*	Schüler
avere bisogno	benötigen, brauchen
ringraziare	bedanken
cuore *m*	Herz
muovere	bewegen

"Lietta, puoi stare qualche ora alla cassa? **Abbiamo bisogno** di una brava cassiera..." domanda Beppe.

"Certo, sono la donna più felice del mondo!" dice Lietta.

Poi suona il suo telefonino.

"Ciao, sono Francesca... Sono al commissariato di polizia. Voglio **ringraziarti**. Senza di te, non so cosa mi poteva accadere... Sono una mamma con tre bambini, non ho un lavoro, non ho soldi... Quello che ti posso offrire è solo il mio **cuore**..." dice lei.

"Stai[i] lì! Non ti **muovere**. Prendo la macchina e arrivo. E non preoccuparti. Non sono mai stato un uomo di grandi

Stai (bleib!) ist der Imperativ (Befehlsform) in der 2. Person Singular von *stare*. Es gibt auch eine verkürzte Form: sta'.

aspettative. E sono io a dovermi **scusare**, per non aver capito prima," dice lui.

Francesca piange.

"Sei il mio angelo! **Ho** sempre **creduto** agli angeli." dice lei.

"È vero, a volte la felicità è davanti a noi, ma non la vediamo," dice Beppe.

Esce dall'osteria per andare da Francesca. Sa che Lietta lo può **sostituire** senza problemi.

E inoltre, Beppe sa che da quel giorno qualcosa nella sua vita **cambierà** per sempre.

aspettativa *f*	Erwartung
scusare	entschuldigen
credere	glauben
sostituire	ersetzen
cambierà	(er/sie/es) wird ändern (Futurform von *cambiare*)

Contro le barriere

di Tiziana Stillo

In dem kleinen Dorf Andrano an der apulischen Küste sorgen die täglich ankommenden Flüchtlinge für Gesprächsstoff. Der Bürgermeister versucht die Einwohner zu mobilisieren, ihren ungenutzten Wohnraum für Flüchtlinge zur Verfügung zu stellen, aber viele Einwohner wehren sich erheblich dagegen.

Carmela und Antonio: Das Ehepaar hört von den zahlreichen Flüchtlingen, die täglich die Küste Apuliens erreichen und Carmela und Antonio erinnern sich an die Großeltern, die früher oftmals von ihrer Flucht im Zweiten Weltkrieg erzählt haben. Sie beschließen, ihr leerstehendes Appartement den Flüchtlingen zur Verfügung zu stellen. Doch da erleben sie erheblichen Widerstand, mit dem sie nie gerechnet hätten.

Angelina: Die ältere Dame ist entsetzt, nachdem fünf Flüchtlinge in die Nachbarwohnung einziehen. Was sind das nur für Zustände? denkt sie sich und traut sich kaum noch aus dem Haus. Doch ihre Meinung wird sie bald ändern müssen ...

Samir und seine Mitbewohner: Samir ist froh, endlich eine Wohnung mit vier weiteren Flüchtlingen in Andrano gefunden zu haben. Aber am Abend denkt Samir oft an seine drei Geschwister und seine gesamte Familie, die in der Ferne geblieben sind und bekommt vehementes Heimweh.

È un lunedì sera di fine ottobre. Sono le otto meno dieci e Carmela torna dal lavoro. Fa la cassiera in un supermercato di Andrano, un paesino sulla costa pugliese. Abita con suo marito, Antonio Palumbo, a Castiglione d'Otranto, una frazione di Andrano. A Castiglione vivono poco più di mille **abitanti**. Mentre Carmela passa per la strada principale del paese le viene un po' di **malinconia**. Sono poche le case con le finestre **illuminate**.

Andrano ist eine Gemeinde von ca. 4700 Einwohnern im süditalienischen Apulien, ganz unten am „Absatz des Stiefels".

"Il paese **muore**," pensa. Questo è il **destino** di tanti piccoli **comuni** del Sud. I giovani emigrano per studiare e lavorare e i paesi **si svuotano**. Le scuole chiudono perché non ci sono più bambini.

Carmela parcheggia la macchina in garage ed entra nel giardino pieno di **foglie**. È **buio** e si comincia a sentire il freddo **autunnale**.

"Antonio, sono tornata," dice mentre chiude la porta.

"Ciao," risponde il marito dalla cucina.

"Mmh, che profumino! Hai cucinato?" domanda Carmela.

"No, sono passato in pizzeria e ho preso un po' di pizza al taglio."

"Bravo! Ho una fame!"

"Possiamo mangiare subito," dice Antonio.

"Benissimo!" dice Carmela e poi continua: "Il giardino è pieno di foglie, dobbiamo cominciare a pulire,"

abitante *m*	Einwohner
malinconia *f*	Schwermut
illuminare	beleuchten
morire	sterben
destino *m*	Schicksal
comune *m*	Gemeinde
svuotarsi	sich leeren
foglia *f*	Blatt (von Pflanzen)
buio	dunkel
autunnale	herbstlich

"Sì, lo so" risponde Antonio.

C'è una lettera sul tavolo. Antonio la prende e la **mette via** per **apparecchiare**.

"Abbiamo posta?" domanda Carmela.

"È una lettera del **sindaco** a tutti gli abitanti."

"E che dice?"

"È per la questione dei **profughi**. I **centri di accoglienza** sono pienissimi. Il sindaco sa che ci sono tanti appartamenti **vuoti** qui in paese. Chiede ai **proprietari** di **metterli a disposizione** di questa povera gente."

"Anche noi ne abbiamo uno."

"Sì," risponde Antonio.

"Che ne pensi?"

"Non lo so. **Dai**, mangiamo adesso. Ne parliamo dopo."

Antonio mette via la lettera e apparecchia la tavola (i).

mettere via	weglegen
apparecchiare	den Tisch decken
sindaco *m*	Bürgernmeister
profugo *m*	Flüchtling
centro *m* **di accoglienza**	*hier:* Erstaufnahmelager
vuoto	leer
proprietario/a *m/f*	Besitzer(in), Eigentümer(in)
mettere a disposizione *f*	zur Verfügung stellen
Dai!	Komm! Los!
fungo *m*	Pilz
tornare in mente	sich an etw. erinnern
racconto *m*	Erzählung

Carmela apre il cartone della pizza: pomodoro, **funghi** e mozzarella. È ancora calda. La mette nei piatti e i due cominciano a mangiare. Durante la cena Carmela è silenziosa.

"Sei stanca?" domanda il marito.

"No, non particolarmente," risponde lei.

"Allora che cos'hai?"

"Niente ... mi **tornano in mente** i **racconti** di mio nonno."

"Quali racconti?"

(i) Mit dem Wort **il tavolo** wird der Gegenstand „Tisch" im Allgemeinen bezeichnet, mit **la tavola** wird der gedeckte Esstisch gemeint. Der korrekte Satz, um einen Tisch in einem Restaurant zu reservieren, lautet dann: *Vorrei prenotare un tavolo.*

"Quelli della **guerra**. Di quando era **partigiano** antifascista."
"Di quando era **nascosto**?"
"Sì. Ho ancora in mente le sue parole: 'Non posso dimenticare la **generosità** della famiglia Orsini. Mi hanno nascosto nella loro casa per tre mesi. **Hanno rischiato** tutto per me e per i loro ideali di **carità** e giustizia.' **Ha mantenuto** il contatto con gli Orsini fino alla sua morte."
"Sì, mi ricordo anch'io di questi racconti. Pensi all'appartamento, vero?"
"Sì, Antonio. Dobbiamo aiutare questa gente. Noi siamo fortunati: siamo nati nel **benessere**, conosciamo la guerra solo dai racconti. Ma queste persone **scappano** perché hanno solo la loro vita da **salvare**."

guerra *f*	Krieg
partigiano *m*	Partisan
nascosto	versteckt
generosità *f*	Großzügigkeit
rischiare	riskieren
carità *f*	Wohltätigkeit, Barmherzigkeit
mantenere	*hier*: aufrecht erhalten
benessere *m*	Wohlstand
scappare	fliehen, flüchten
salvare	retten
paura *f*	Angst
sopravvalutare	überbewerten
sorridere	lächeln

"Lo so, hai ragione. Quello che mi fa un po' **paura** è che parlano una lingua sconosciuta, hanno un'altra cultura..."
"Sì, ma per me questa storia della cultura differente è **sopravvalutata**. Pensa alla situazione dell'Italia, al nord e al sud parliamo la stessa lingua, ma le tradizioni e la mentalità sono completamente diverse! E se porti a Milano uno dei vecchietti del paese, che parla solo dialetto, quello ha anche problemi di lingua!"
Antonio **sorride** e poi dice: "È vero!"
"Lo vedi? Ci chiudiamo nel nostro piccolo mondo con le nostre abitudini e comodità e tutto quello che è diverso ci fa paura."

I due restano un po' in silenzio, poi Antonio dice: "C'è un numero verde[i] nella lettera."

Die kostenlosen Service-Telefonnummern werden in Italien **numeri verdi** (grüne Nummern) genannt.

"Domani ho il giorno libero. Chiamo io," dice Carmela.
Il cellulare fa "din din" e Carmela lo prende subito. Legge il messaggio e sorride.
"Chi è?" domanda Antonio.
"È Loredana, domani ha un **colloquio di lavoro** e non sa come vestirsi. Mi ha mandato una foto. Guarda."
"Beh, sta bene, no?"
"Mhh, sempre nero. A lei stanno bene anche i colori un po' più **vivaci**."
"Ma è un colloquio di lavoro..."
"Appunto, non un **funerale**! Aspetta che le scrivo."
"Mah, queste sono cose fra mamma e figlia, fai tu."
Antonio **accende** la TV e poi dice:
"Su Rai 2 stasera c'è 'Report'."

colloquio *m* **di lavoro**	Vorstellungsgespräch
vivace	lebhaft
funerale *m*	Beerdigung, Trauerfeier
accendere	einschalten
barbiere *m*	Herrenfriseur

"Ah no!" risponde Carmela "Oggi è lunedì e c'è 'Il commissario Montalbano'[i]!"
"Uff! Sempre con questi gialli[i]!" dice lui e le dà un bacio.

Kommissar Montalbano ist die Hauptfigur der erfolgreichen Kriminalromane des sizilianischen Schriftstellers Andrea Camilleri.

Krimis werden im Italienischen auch **gialli** genannt, weil ein italienischer Verlag eine sehr erfolgreiche Kriminalromanreihe mit gelbem Cover publizierte (giallo = Gelb).

Il giorno dopo Antonio è davanti al suo negozio di **barbiere**. I clienti non sono molti in paese, così i pochi **commercianti** della piazzetta si trovano davanti al negozio di Antonio. **Chiacchierano** e passano il tempo finché arriva qualche cliente.

Adesso stanno discutendo dei risultati delle **partite di calcio** di domenica. Il fruttivendolo e il giornalaio sono **tifosi** del Lecce, che purtroppo gioca in serie C[i].

> Im italienischen Profifußball unterscheidet man zwischen **serie A, B** und **C**. Demnach ist die **serie A** die höchste, die **serie B** die zweithöchste und die **serie C** die dritthöchste Fußballliga.

"Tu sei un **traditore**, Antonio! **Tifi per** la Juventus solo perché tua figlia abita a Torino!" dice il giornalaio.

"Ma non è vero!" risponde Antonio. "Io sono sempre stato per la Juve, fin da[i] bambino!"

> Die Präposition **fin da** wird für Zeitangaben verwendet. Z. B.: *Mi è piaciuto fin dall'inizio.* Von Anfang an habe ich ihn gemocht.

"Non sei patriottico, bisogna **sostenere** le **squadre** di casa e non sempre quelle più forti!" dice il fruttivendolo.

"Io sostengo le squadre che giocano bene," dice Antonio. Mentre parlano arriva una Fiat Punto bianca e parcheggia proprio davanti al negozio di Antonio. Dalla macchina scende un uomo di circa cinquant'anni, con tanti capelli **ricci** e neri.

I tre si girano e Antonio **riconosce** Michele, un suo vecchio amico ed ex compagno di scuola.

commerciante *m/f*	Händler(in)
chiacchierare	plaudern
partita *f* **di calcio**	Fußballspiel
tifoso *m*	Sportfan
traditore *m*	Verräter
tifare per qc./qu.	ein Fan von etw./jmd. sein
sostenere	unterstützen
squadra *f*	Mannschaft
riccio	lockig
riconoscere	erkennen

Esercizio 1: Domande. Beantworten Sie die Fragen zum Text!

1. Che lavoro fa Carmela?

   Carmela fa la cassiera in un supermercato.

2. Chi ha mandato la lettera?

   ____

3. Che cosa chiede il sindaco ai cittadini?

   ____

4. Che esperienza ricorda Carmela?

   ____

5. Che cosa deve fare domani la figlia Loredana?

   ____

"Michele! Ciao!" esclama Antonio.
"Buongiorno a tutti," risponde Michele.
"Ma che ci fai qui?" domanda Antonio.
"Mia madre sta male e allora ho preso un paio di giorni di ferie per **venire a trovarla**."
"Oh, mi dispiace," dice Antonio.
"Hai tempo di **tagliarmi** i capelli?" gli domanda Michele. "Guarda qui come sono lunghi..."

"Certo! Vieni, entra," poi guarda il fruttivendolo e il giornalaio e dice: "Signori, vi saluto!"
"Ci vediamo dopo, Anto'[i], ciao!" rispondono i due.
Antonio e Michele entrano nel negozio.

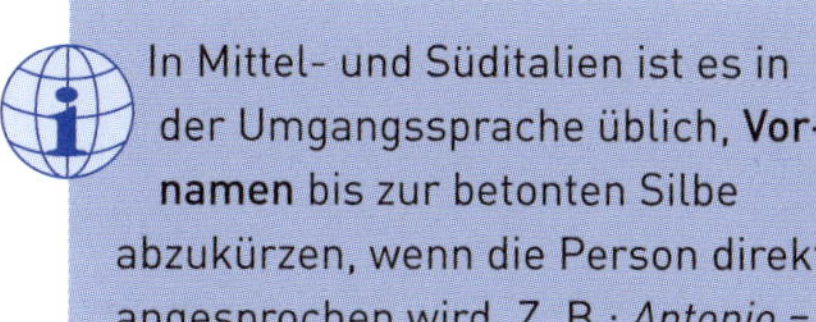

In Mittel- und Süditalien ist es in der Umgangssprache üblich, **Vornamen** bis zur betonten Silbe abzukürzen, wenn die Person direkt angesprochen wird. Z. B.: *Antonio = Anto', Francesco = France'.*

Poi mette un **asciugamano** sulle spalle dell'amico e comincia a lavargli i capelli.
"Allora, che cos'ha tua madre?"
"Ha la febbre alta da due giorni, però non vuole andare dal dottore. Lo sai come sono fatte le persone **anziane**... Oggi però ci andiamo insieme."
"Eh, con gli anziani ci vuole pazienza, a volte sono come i bambini. Come li facciamo i capelli? Belli corti?"
"Sì, sì. Di solito non li faccio mai arrivare a questa lunghezza, ma negli ultimi mesi non ho avuto un momento libero. Con tutti gli **sbarchi** che ci sono stati... Al porto è un'**emergenza** continua."
"Eh lo so, i giornali e la televisione parlano solo di questo."
"È una tragedia. Quando li vedi arrivare in quelle condizioni provi una **pena**... Specialmente poi quando ci sono bambini."
"Noi stiamo pensando di mettere a disposizione l'appartamento di via Bari. Sta lì chiuso da anni."
"Bravi! Noi purtroppo abbiamo solo l'appartamento dove abitiamo, comunque cerchiamo di aiutare come possiamo."

venire a trovare qu.	jmd. besuchen (kommen)
tagliare	schneiden
asciugamano *m*	Handtuch
anziano	alt (bei Personen)
sbarco *m*	Ausschiffung
emergenza *f*	Notfall
pena *f*	*hier*: Mitleid

Quando Antonio torna a casa per pranzo[i] trova Carmela seduta al tavolo della cucina. Sul tavolo ci sono dei **moduli** e un **raccoglitore** con i documenti delle **proprietà immobiliari** della famiglia.

"Mangiamo carta oggi?" scherza Antonio.

"Ah, sei già tornato? Ma che ore sono?" Carmela guarda l'orologio sulla **parete** e poi esclama: "Mamma mia! Già l'una e mezza! Non ho ancora preparato niente!"

> An kleinen Orten ist es noch üblich eine längere **Mittagspause** zu machen. Die Geschäfte schließen um ein Uhr mittags und öffnen wieder um vier Uhr nachmittags.

"Allora oggi spaghetti aglio, olio e peperoncino," risponde Antonio.

"Che cosa sono tutte queste carte?" domanda poi.

"Stamattina ho chiamato il numero verde per il fatto dei profughi. Poi sono andata al comune. Mi sono informata bene. Un'**associazione di volontariato gestisce** tutto, noi dobbiamo solo **compilare** questi moduli. Poi prendiamo appuntamento con qualcuno dell'associazione, loro vengono a vedere l'appartamento e ci spiegano tutto il resto."

modulo *m*	Formular
raccoglitore *m*	Ordner
proprietà *f* **immobiliare**	Immobilienobjekt
parete *f*	Wand
associazione *f* **di volontariato**	freiwillige Hilfsorganisation
gestire	führen, verwalten
compilare	ausfüllen
tassa *f*	Steuer
vantaggio *m*	Vorteil
difficoltà *f*	Schwierigkeit
affitto *m*	Miete, Mietzins
soldo *m*	Geld
non fare male	*hier*: nicht schaden
testardo	stur

"Tu praticamente hai già deciso. Non volevamo riflettere un po' su questa cosa?"

"Antonio, ma che cosa c'è da riflettere? La situazione è drammatica. Bisogna fare qualcosa adesso. Quell'appartamento al momento per noi significa solo **tasse** da pagare. Se lo mettiamo a disposizione il **vantaggio** è doppio: prima di tutto aiutiamo questa gente in **difficoltà** e poi riceviamo un **affitto**. Non è molto, ma è sempre qualche **soldo** in più che **non fa mai male**. O no?"

"Sì, è vero. Hai ragione tu, Carmela. Oggi ne ho parlato anche con Michele."

"Michele chi?"

"Michele Brezzi, stamattina è venuto al negozio."

"Ah Michele! E come mai è qui?"

"La mamma sta male."

"Ma è grave?"

"Spero di no. Ha la febbre e non vuole andare dal dottore."

"Mhh, la signora Caterina è molto **testarda**."

Esercizio 2: Contrari. Ordnen Sie jedem Adjektiv sein Gegenteil zu!

1. [d]	corto	a) poco
2. [ ]	libero	b) giovane
3. [ ]	pieno	c) vuoto
4. [ ]	forte	d) lungo
5. [ ]	molto	e) occupato
6. [ ]	anziano	f) debole
7. [ ]	ricco	g) povero

"A proposito di persone testarde: sai com'è andato il colloquio di Loredana?"

"Ah, ah! Se sa che la definisci così, sai come **si arrabbia**? Comunque sì, mi ha chiamato prima. Il colloquio è andato bene, lei ha una sensazione positiva. Però ci sono molti candidati."

"Speriamo bene! Allora mangiamo e dopo compiliamo i moduli."

Mit dem Wort **sensazione** bezeichnet man eine physiologische oder psychologische Wahrnehmung: *Qui provo una sensazione di pace.* Hier spüre ich ein Gefühl des Friedens. Mit dem Wort **sentimento** hingegen bezeichnet man Gefühle und Empfindungen anderen gegenüber: *Per lui provo solo un sentimento di amicizia.* Ihm gegenüber spüre ich nur ein Gefühl der Freundschaft.

Esercizio 3: Preposizioni. Lesen Sie weiter und unterstreichen Sie die richtige Präposition!

La settimana dopo Antonio e Carmela hanno appuntamento **1.** con / per una volontaria dell'associazione "Arcobaleno". Sono **2.** nella / sulla **palazzina** di via Bari **3.** di / per mostrare alla volontaria il loro appartamento. È una palazzina **4.** di / da soli due piani e quattro appartamenti.

Antonio apre la porta **5.** dall' / dell' appartamento e dice: "Prego, signora. L'appartamento ha tre camere, una cucina e due bagni."

"Come vede è tutto **arredato**," aggiunge Carmela. "Era per nostra figlia, sa, ma lei ormai ha la sua vita a Torino. Quando viene a trovarci sta a casa nostra."
"Bello! È molto grande. Ci sono anche balconi?"
"Sì, due," risponde Carmela. "Uno qui in cucina e l'altro in salotto. Antonio, apri le finestre in salotto!"
"Gli altri appartamenti della palazzina sono abitati?" domanda la volontaria.
"Sì. Qui di fronte abitano i signori Di Biagio, una coppia anziana," risponde Antonio. "Al pianoterra direttamente sotto di noi abita la signora Angelina, è **vedova** e vive da sola. Di fronte a lei **invece** ci sono i signori Colella, una famiglia con due bambini."

arrabbiarsi	sich ärgern
palazzina *f*	Mehrfamilienhaus
arredato	eingerichtet, möbliert
vedova *f*	Witwe
invece	hingegen
idoneo	geeignet, tauglich
consegna *f*	Übergabe
chiave *f*	Schlüssel
accogliere	willkommen heissen, empfangen

"Bene, questo è importante per l'integrazione," risponde la volontaria. Poi domanda: "Questo è un divano letto?"
"Sì," risponde Carmela. "Si apre e diventa un letto matrimoniale."
"Per chi è l'appartamento? È per una famiglia?" domanda Antonio.
"No, si tratta di cinque ragazzi africani. Hanno fra i 18 e i 25 anni. Bene, signori, l'appartamento è **idoneo** quindi possiamo andare in ufficio a firmare i documenti e a fissare un appuntamento per la **consegna** delle **chiavi**. Così i ragazzi possono entrare al più presto in casa."
"Possiamo **accogliere** personalmente i ragazzi?" dice Carmela.
"Certo, volentieri," risponde la signora.

"Sì, così gli mostro alcune cose: per esempio come funziona il riscaldamento," dice Antonio.
"Beh, loro ancora non parlano l'italiano," dice la volontaria. "Ma li accompagna un mediatore culturale che può **tradurre** tutto."

> **Mediatori culturali** (interkulturelle Vermittler) sind wichtige Bindeglieder zwischen geflüchteten Menschen und dem neuen Gastland. Viele von ihnen sind selbst früher als Flüchtlinge gekommen.

"Benissimo," dice Carmela. "Allora chiudiamo tutto e andiamo a firmare."
Il giorno del **trasloco** Carmela e Antonio sono emozionati. Carmela ha preparato un dolce. Poi ha portato due grandi buste di spesa con **alimenti** di base: riso, pasta, farina, zucchero, latte ... È una **donazione** del supermercato dove lei lavora.
Dal **pulmino** dell'associazione Arcobaleno scendono sei ragazzi africani. Tre di loro hanno uno **zaino**, altri due solo una **busta** in mano. Il sesto è il mediatore culturale.

> Männliche Wörter, die mit z-, s+Konsonant, ps-, y- beginnen, brauchen den Artikel *uno/lo*: z. B. *uno zaino, lo zoo*.

Carmela e Antonio gli vanno incontro e dicono:
"Benvenuti a Castiglione!"
I ragazzi sorridono e dicono: "Grazie."
Il mediatore culturale si presenta e dice: "Buongiorno, io sono Madou." Antonio si presenta e dà la mano a tutti:
"Sono Antonio Palumbo e questa è mia moglie Carmela."
Madou traduce per gli altri e poi entrano tutti nella palazzina. Alla finestra dell'appartamento al pianoterra c'è la signora Angelina che guarda tutta la scena. Carmela la vede e la saluta con la mano. La signora però **fa finta di** non vederla e chiude velocemente la tenda. Quando sono dentro sulle scale Carmela dice: "Adesso vi presento i vostri **vicini**. Qui abita una fami-

glia, ma adesso non c'è nessuno: i genitori sono al lavoro e i bambini a scuola," dice Carmela. Il mediatore culturale traduce. Poi suona alla porta della signora Angelina. Ma nessuno apre. "Strano," dice Carmela. "L'ho vista adesso alla finestra." "Forse è in bagno," dice Antonio. "Dai, andiamo su." Suonano ai signori di Biagio che si presentano con gentilezza. Poi entrano nell'appartamento.

tradurre	übersetzen
trasloco *m*	Umzug
alimento *m*	Lebensmittel
donazione *f*	Spende
pulmino	Kleinbus
zaino *m*	Rucksack
busta *f*	*hier*: Tüte
fare finta di	so tun, als ob
vicino/a *m/f*	Nachbar(in)
girarsi	sich umdrehen

Qualche settimana dopo Carmela e Antonio sono a cena dopo una lunga giornata di lavoro.
"Oggi pomeriggio mi è successa una cosa strana," comincia Carmela."
"Che cosa?"

Esercizio 4: Passato prossimo. Lesen Sie weiter und konjugieren Sie die Verben im *passato prossimo*!

"Ero alla cassa come al solito. Da lontano **1.** vedere *ho visto* ______ Angelina e la **2.** salutare __________ con la mano. Ma lei non mi **3.** rispondere __________, **si è girata** dall'altra parte."

"Forse non ti ha visto," dice Antonio.

"**4.** Io pensare ______________ la stessa cosa, ma poi lei **5.** fare ______________ la **fila** all'altra cassa. Di solito viene sempre a pagare da me. Mi **ha evitato**. Io **6.** avere ______________ proprio questa **impressione**."

"Forse **si è offesa** perché non le abbiamo presentato i ragazzi dell'appartamento?"
"Ma le abbiamo suonato e lei non ha aperto!"
"Eh ma lo sai come sono fatte le donne di una certa età ...."
"Mah, forse hai ragione. Domenica andiamo a trovare i ragazzi e le suoniamo alla porta."

fila *f*	Schlange
evitare	(ver)meiden
impressione *f*	Eindruck
offendersi	beleidigt sein
fornaia *f*	Bäckerin
duro	hart, streng
meritare	verdienen
parere	scheinen
educato	wohlerzogen
disprezzo *m*	Verachtung
vergogna *f*	Schande
permettersi	sich erlauben
Eccome!	Und ob! Und wie!
voce *f*	Stimme
lacrima *f*	Träne

Due giorni dopo invece Carmela vede Angelina sulla piazza del mercato. Sta parlando con la **fornaia**.
Carmela la chiama: "Angelina!"
La donna si gira e la guarda con espressione **dura**. Poi dice qualcosa alla fornaia e va via in fretta.
"Aspetta, Angelina!" dice Carmela. Ma quella non la ascolta e continua a camminare velocemente.
Carmela guarda la fornaia e le domanda:

"Ma che cos'ha?"
"E me lo chiede? Prima le mettete quella gente in casa e poi volete pure il saluto?"
"Ma quale gente?"
"Quale gente? Gli africani! La povera Angelina ha anche paura a uscire in giardino! Con tutto il rispetto, questo non lo **meritava** proprio!"
"Ma che sta dicendo? Sono dei bravissimi ragazzi! Gli altri del palazzo hanno avuto tutti una buona impressione..."
"Sì, sì... secondo me non hanno il coraggio di dirvi in faccia la verità! Tutti ipocriti! Almeno Angelina è sincera!"
"Beh, intanto neanche lei ci ha detto in faccia la verità. La sta dicendo Lei al posto suo, mi **pare**!"
"Perché è troppo **educata**!"
"Non salutare senza un motivo non mi pare un segno di grande educazione," risponde Carmela arrabbiata.
"Il motivo c'è ed è serio! Se questi profughi sono tanto bravi, allora perché non li prendete a casa vostra?"
"Ma quella è casa nostra!"
"Lo sa bene che cosa voglio dire: a casa insieme a voi!"
Carmela la guarda con **disprezzo** e poi dice:
"Quante persone ignoranti ci sono in questo paese. È una vera **vergogna**!"
"Come **si permette**?"
"Mi permetto **eccome**! E Le dico ancora una cosa: il saluto da persone ignoranti come voi non lo voglio io!"
Carmela si gira e va via con passo veloce. Sente la **voce** della fornaia che continua a parlare arrabbiata, ma lei non l'ascolta più. Va direttamente al negozio del marito. Ha le **lacrime** agli occhi. Poi vede che Antonio ha un cliente e cerca di sorridere.
"Buongiorno," dice poi.
"Ciao Carmela," le risponde Antonio.

Anche il cliente si gira e la saluta. È il signor Di Biagio, il signore che con sua moglie abita di fronte all'appartamento dove adesso stanno i ragazzi africani.
"Signora Palumbo! Che piacere," dice il signor Di Biagio. "Stavo **giusto** dicendo a suo marito che bravi ragazzi sono questi rifugiati che abitano nel vostro appartamento. I nomi ancora non li abbiamo capiti bene, però sono di una cortesia incredibile! Quando vedono me o mia moglie con le buste della spesa in mano vengono subito ad aiutarci."
Carmela lo guarda e poi senza pensare gli domanda:
"Dice **sul serio**?"
"Signora Palumbo, che domande mi fa? Certo che dico sul serio!" risponde il signor Di Biagio.
"Mi scusi, signor Di Biagio, è che ho appena avuto una conversazione poco piacevole proprio su questo argomento."
Carmela racconta del **comportamento** di Angelina e delle parole della fornaia.
"Eh, signora Palumbo, la signora Angelina non parla più neanche con noi. Vede, dopo che i ragazzi sono venuti ad abitare lì, lei è venuta subito a **lamentarsi** con noi. Ha detto che bisogna stare attenti, che forse sono criminali, e un sacco di altre cose brutte. Noi le abbiamo risposto di mettere da parte i **pregiudizi**. Dobbiamo cercare di conoscere queste persone che hanno rischiato la vita per venire qui."

giusto	*hier*: gerade
sul serio	im Ernst
comportamento *m*	Benehmen
lamentarsi	klagen
pregiudizio *m*	Vorurteil
ingenuo	naiv
rubare	stehlen, klauen
disoccupato	arbeitslos
mantenere	*hier*: versorgen
cattiveria *f*	Bosheit
Che peccato!	Wie schade!
addobbare	schmücken
abete *m*	Tanne
spegnersi	sich ausschalten

"E lei che ha risposto?" domanda Antonio.
"Che siamo **ingenui**! Che questi vengono qui per **rubare** il lavoro ai nostri figli, che lei lo sa bene, dato che suo figlio è **disoccupato** da più di un anno con una famiglia da **mantenere**... Sinceramente non mi ricordo neanche più tutte le **cattiverie** che ha detto."
"E perché non parla più neanche con voi?" domanda Antonio.
"Perché non siamo d'accordo con lei e siamo gentili con loro."
"E con i signori Colella del piano di sotto parla?" domanda Carmela.
"Naturalmente no! Non saluta più neanche loro!" risponde il signor Di Biagio. "Ha detto che abbiamo fatto una coalizione contro di lei."
"Incredibile," dice Antonio. "La signora Angelina ci è sempre sembrata una donna gentile."
"Mah, devo dire che ha sempre avuto un carattere particolare. Noi abitiamo da anni nello stesso palazzo e la conosciamo bene."
"**Che peccato**," dice Carmela triste.
"Sì," continua il signor Di Biagio. "È un vero peccato."

I giorni passano e arriva Natale. I pochi negozi del paese hanno decorato porte e vetrine con luci colorate.
Anche Antonio **ha addobbato** il suo negozio. All'angolo accanto alla porta c'è un **abete** pieno di palline colorate con le luci che si accendono e **si spengono**. È un sabato mattina di metà dicembre. Il signor Colella entra nel negozio.
"Signor Palumbo, buongiorno!"
"Buongiorno, signor Colella!"
"Ha tempo per me? Sono venuto a farmi bello per le feste!"
"Certo che ho tempo!" risponde Antonio.
"A proposito di bellezza: che bell'albero di Natale! Complimenti! Finalmente trovo qualcuno che ama la tradizione e addobba

un albero vero! Ormai si vedono dappertutto solo alberi di plastica! Che tristezza ..."

"È vero, signor Colella. Ma io l'albero di plastica non lo voglio! Devo sentire il profumo dell'abete."

"La penso esattamente come Lei!"

"Allora, venga che le lavo i capelli. Li tagliamo corti?"

"No, non troppo corti."

"Va bene, ci penso io," dice Antonio. Comincia a lavare i capelli e poi domanda:

"Venite domani sera alla cena di Natale organizzata dall'associazione Arcobaleno?"

"No, purtroppo abbiamo un altro appuntamento," risponde il signor Colella.

"Peccato. La cena è il risultato di un progetto fantastico per **favorire** l'integrazione dei migranti. Uno chef ha insegnato a un gruppo di dieci migranti a cucinare e a stare nell'ambiente della gastronomia. Il corso è durato tre mesi. L'obiettivo è dare loro competenze specifiche per entrare nel mondo del lavoro."

> Mit dem Wort **chef** bezeichnet man im Italienischen den Chefkoch. In anderen Branchen verwendet man für leitende Positionen andere Wörter, z. B.: *capo, direttore*.

"Ah, quindi cucinano loro?"

"Sì! Vengono quasi cento persone!"

"Allora non avevo capito. Probabilmente non ho letto con attenzione l'invito. Ma cucinano anche i 'nostri' ragazzi?

"No, loro non cucinano ma si occupano dell'**intrattenimento**. Due di loro sanno suonare degli strumenti tipici del loro paese."

"È proprio un peccato che non possiamo venire."

"Eh sì. Comunque ho saputo che ha cominciato a dare lezioni d'italiano ai ragazzi? È davvero gentile da parte Sua!"

"Ma **si figuri**! Sono insegnante, è il mio dovere! Certo, ho tempo solo durante il fine settimana. Ma è meglio di niente..."
"E come va? Fanno progressi?"
"Abbastanza. Soprattutto il più giovane, Samir, ha talento. E poi è bravo con i bambini. Mi ha detto che nel suo paese ha tre fratelli più piccoli."
"Ah, non lo sapevo," risponde Antonio.
In quel momento **squilla** il suo telefonino.
"È mia figlia. Un momento..." dice e risponde al cellulare.
"Pronto, Loredana? Sei già all'aeroporto?"
"Sì, papà ma ho brutte notizie. A causa della neve tutti i voli di oggi sono annullati."
"**Mannaggia**! E allora?"
"E allora niente. Se il tempo migliora parto domani, speriamo bene..."
"Pazienza. Adesso ti devo lasciare perché sto lavorando. Ti richiamo dopo, va bene?"
"Va bene, ciao papà."
"Sta venendo qui per le vacanze di Natale?" domanda il signor Colella.
"In teoria sì. Ma purtroppo i voli di oggi sono stati annullati per il cattivo tempo."
"Sì, ho sentito alla radio che al nord l'inverno è arrivato con grande anticipo quest'anno."
"Beh, siamo **comunque** in dicembre."

favorire	fördern, begünstigen
intratteni-mento *m*	Unterhaltung
Si figuri!	Macht nichts! (zu einer Person, die man siezt)
squillare	läuten (Telefon)
⚡ **Mannaggia!**	Verflixt!
comunque	*hier*: immerhin
parrocchiale	Pfarr-

Il grande salone **parrocchiale** è addobbato a festa. Si sente musica etnica. La cena è un grande successo.

Esercizio 5: Vero o falso? Welche Aussagen sind korrekt? Kreuzen Sie an!

1. Carmela parla con Angelina sulla piazza. ❐
2. La fornaia spiega a Carmela che cos'ha Angelina. ❐
3. Carmela telefona a suo marito. ❐
4. Angelina è d'accordo con gli altri abitanti del palazzo. ❐
5. Il signor Di Biagio parla bene dei ragazzi africani. ❐

È quasi mezzanotte. Carmela dice ad Antonio:
"Che bella serata. Fa bene vedere che la solidarietà c'è, che non c'è solo gente come Angelina o la fornaia."
Antonio fa segno di sì con la testa. Poi dice:
"Che ne pensi, andiamo a casa? È tardi e domani mattina devo alzarmi presto per andare a prendere Loredana all'aeroporto."
"Va bene. Vai a domandare ai ragazzi se qualcuno vuole venire con noi. Abbiamo tre posti liberi in macchina."

Samir è l'ultimo a tornare a casa quella sera. Le finestre della palazzina sono tutte buie. Solo dalla finestra del salotto della signora Angelina si vedono le luci colorate dell'albero di Natale. La signora ha dimenticato di spegnerle prima di andare a dormire. Anche quella donna così **scortese** aspetta il Natale, pensa Samir.
Samir si siede sul **muretto** davanti alla casa e guarda verso il cielo: è pieno di stelle. Ripensa a quando era bambino. Quando guardava le stelle insieme al suo papà, nelle calde notti africa-

ne. Quando ancora non c'era la guerra. Quella guerra che **ha ucciso** suo padre, la guerra che lo ha fatto scappare. La guerra che ogni giorno **mette in pericolo** la vita di sua madre e dei suoi fratellini.

Una forte malinconia lo **prende**. E allora continua a guardare le stelle che illuminano la notte. Sono le stesse stelle e la stessa luna che illuminano le notti del suo paese lontano. E pensando a questo si sente più vicino a casa. Rimane più di mezz'ora fuori sotto il cielo stellato, anche se fa freddo.

Ma **all'improvviso** una luce forte lo riporta al presente. Viene dalla finestra della signora Angelina. La finestra del salotto dove prima si vedevano le luci dell'albero di Natale. Probabilmente la signora si è alzata per andare in bagno. O non riesce a dormire e ha acceso la luce.

Ma quella luce è strana, Samir si avvicina un po' e guarda meglio. Ma non è la luce di una lampada! Sono **fiamme**! È un **incendio**!

Samir corre ed entra dentro la palazzina, **bussa** forte alla porta della signora. Ma lei non risponde. Con il **rumore** si svegliano gli altri del palazzo.

scortese	unhöflich
muretto *m*	kleine Mauer
uccidere	töten
mettere in pericolo	gefährden
prendere	*hier*: überkommen
all'improvviso	plötzlich
fiamma *f*	Flamme
incendio *m*	Brand
bussare	(an)klopfen
rumore *m*	Lärm
Presto!	Schnell!
sasso *m*	Stein

Esce il signor Di Biagio e domanda: "Per l'amor di Dio! Ma che cosa succede?"

"Fuoco!" grida Samir. "**Presto**!"

Poi corre fuori ed entra nel giardino della signora. Con un **sasso** rompe la finestra della cucina ed entra dentro.

La casa è già piena di **fumo**. Deve coprirsi il **viso** con la sciarpa. Dopo un po' esce fuori con la signora Angelina **in braccio**. **Tossiscono** tutti e due.

Da lontano si sente la sirena dei vigili del fuoco (i). Il signor Di Biagio intanto ha allarmato tutti gli altri abitanti della palazzina per farli uscire in strada.

> Die offizielle Bezeichnung für Feuerwehrmänner lautet *vigili del fuoco*. Inoffiziell werden sie aber auch **pompieri** genannt.

La signora Angelina non riesce a stare in piedi. Samir la **sostiene**. I bambini dei signori Colella corrono fuori e **piangono**. Tutti sono in pigiama nel freddo della notte. Ma il freddo adesso è la cosa meno importante.

Dopo qualche minuto i pompieri e l'ambulanza arrivano. Mentre i vigili del fuoco si occupano dell'incendio, gli **infermieri** vanno subito a **soccorrere** la signora. Il signor Di Biagio spiega che è stato il ragazzo a salvarla dal fumo e dalle fiamme.

"Io sto bene, ma lei no," dice mentre **indica** la signora. La signora ha gli occhi chiusi e continua a tossire. Gli infermieri la mettono velocemente sul lettino. Per un momento apre gli occhi e guarda Samir. "Grazie," dice con un **filo di voce**.

In un paio d'ore l'incendio è **domato**. Si è trattato di un **corto circuito** causato dalle luci dell'albero di Natale. Il materiale sintetico dell'albero ha preso subito fuoco.

fumo *m*	Rauch
viso *m*	Gesicht
in braccio *m*	in den Armen
tossire	husten
sostenere	stützen
piangere	weinen
infermiere/a *m/f*	Krankenpfleger/-schwester
soccorrere	Hilfe leisten
indicare	zeigen auf
filo *m* **di voce**	dünne Stimme
domare	*hier:* löschen
corto circuito *m*	Kurzschluss

Il giorno dopo Samir è l'**eroe** del paese. Vengono dei giornalisti ad intervistarlo. Anche alla tv si parla del suo atto di coraggio. A Samir però tutto questo non piace. Non vuole **premi**, non si sente un eroe. Lui ha fatto solo quello che gli sembrava naturale: aiutare una persona in pericolo.

Dopo qualche giorno la signora Angelina esce dall'ospedale. Per fortuna **si è trattato** solo **di** una leggera **intossicazione** da fumo. Suo figlio va a prenderla.

"Portami a casa," gli dice.

"Ma mamma, per adesso non puoi abitare nel tuo appartamento, lo sai. Per qualche tempo vieni a stare con me a Bari."

"Lo so, ma io devo ringraziare quel ragazzo. Mi ha salvato la vita."

Quando la macchina si ferma davanti alla palazzina, alla signora Angelina batte forte il cuore.

La parete della finestra del salotto è tutta nera. Sembra una casa **fantasma**. Ma **non le importa niente**. L'importante è essere ancora viva. Sale le scale e suona alla porta dei ragazzi. È proprio Samir ad aprire. Il ragazzo sorride e dice: "Come sta? Bene?"

La signora Angelina comincia a piangere e a parlare. Gesticola, porta le mani[i] al cuore poi alla testa. **Abbraccia** Samir e continua a parlare senza pausa.

eroe *m*	Held
premio *m*	Preis
trattarsi di qc.	sich um etw. handeln
intossicazione *f*	Vergiftung
fantasma *m*	Geist, Gespenst
non le importa niente	das ist ihr vollkommen gleichgültig
abbracciare	umarmen

Der Plural vieler **Körperteile** im Italienischen ist **unregelmäßig**:

la mano (Hand)	le mani;
il labbro (Lippe)	le labbra;
il braccio (Arm)	le braccia;
il dito (Finger)	le dita;
il ginocchio (Knie)	le ginocchia (auch i ginocchi);
l'orecchio (Ohr)	le orecchie (auch gli orecchi).

Il ragazzo non capisce quasi niente. Le cose che riesce a capire sono "scusa", "perdono" e "grazie". **In fondo** l'essenza di quel discorso.

in fondo	*hier*: letztendlich

Un'estate a Rimini

di Alessandra Felici Puccetti

Kurz vor seinem sechzehnten Geburtstag stellt Alessandro seiner Mutter eine unangenehme Frage: Er will den Namen seines Vaters wissen, den er nie kennengelernt hat. Doch seine Mutter weicht ihm aus, denn der Vater hat nie von dem unehelichen Sohn erfahren ...

Margherita Maccioni: Margherita lebt mit ihrem Sohn Alessandro in Bologna. Sie ist stolz auf ihre Lebensleistung als alleinerziehende Mutter und auf die Erziehung ihres Sohnes. Die Pubertät wirft aber einen Schatten auf ihr sonst gutes Verhältnis.

Alessandro Maccioni: Alessandro hat viele Freunde, er ist sportlich und in der Schule klappt es so einigermaßen. Doch jetzt will er wissen, wer sein Vater ist. Warum gibt seine Mutter den Namen nicht preis?

Francesco Rossetti: Der Steuerberater Francesco Rossetti aus Imola führt ein glückliches Leben mit seiner Frau und seiner kleinen Tochter. Seit Tagen wird er von einem unbekannten Jugendlichen beschattet. Was will der Junge von ihm?

Quando ha capito l'importanza del denaro? Alessandro non sa dirlo esattamente, ma di sicuro molto presto. Forse a sei o sette anni, quella volta in cui lui e Franco **hanno giocato** ai **pittori**.

È stato tanto tempo fa [i], ma per Alessandro è ancora presente. Se ci pensa, si rivede a casa del suo amico, nel garage. Lui e Franco sono andati lì **di nascosto** e hanno aperto un **barattolo** di **pittura**. Come i pittori veri, hanno i vestiti e le scarpe pieni di **macchie** bianche.

> Das Adverb **fa** bedeutet „vor" und wird immer nachgestellt, z. B. *una settimana fa* (vor einer Woche), *tanto tempo fa* (vor langer Zeit).

La madre di Franco li trova e **rovina** il **gioco** in un secondo. **Grida**, è **arrabbiata**.

Il giorno dopo, però, compra al figlio **un paio di** scarpe nuove e la cosa per Franco finisce lì.

Per Alessandro no.

Quando torna a casa, sua madre non si arrabbia, ma gli dice semplicemente: "Mi dispiace, ma devi **tenere** le scarpe con le macchie ancora per un po'. Per i genitori del tuo amico cinquanta euro in più o in meno non fanno **differenza**, per noi sì. I soldi non si trovano per strada, è bene che lo impari presto... E non essere triste, vi siete divertiti, no? Un bel pomeriggio **conta** più di un paio di scarpe **sporche** di bianco."

giocare	spielen
pittore *m*	Maler
di nascosto	heimlich
barattolo *m*	*hier*: Eimer
pittura *f*	Farbe
macchia *f*	Fleck
rovinare	verderben
gioco *m*	Spiel
gridare	schreien
arrabbiato	wütend
un paio di	ein Paar ...
tenere	(be)halten
differenza *f*	Unterschied
contare	zählen
sporco	schmutzig

La vita di una **ragazza madre** e del suo bambino non è facile. Con gli anni, però, Alessandro e Margherita hanno trovato tante piccole strategie per arrivare alla fine del mese. Le **difficoltà**, anche quelle economiche, **hanno rafforzato** il loro **rapporto**. Si vogliono bene e **si aiutano**. Adesso poi le cose vanno meglio. Alessandro può rimanere solo in casa e prendere l'autobus e la madre lavora più ore. Margherita Maggioni è una donna pratica. Ha avuto momenti brutti, naturalmente, ma ha sempre cercato di **crescere** il figlio con **affetto**, attenzione e **senso dell'umorismo**. I primi tempi, subito dopo la **nascita**, sono stati **duri**. Poi la vita è diventata più **tranquilla**. A Bologna [i], del resto, c'è una buona **assistenza sociale**.

ragazza *f* **madre**	alleinerziehende Mutter
difficoltà *f*	Schwierigkeit
rafforzare	bestärken
rapporto *m*	Beziehung
aiutarsi	sich helfen
crescere	*hier*: aufziehen
affetto *m*	Zuneigung, Liebe
senso *m* **dell'umorismo**	Humor
nascita *f*	Geburt
duro	hart
tranquillo	ruhig
assistenza *f* **sociale**	Sozialhilfe
fiero	stolz
merito *m*	Verdienst

Bologna, Hauptstadt der Region Emilia Romagna und Sitz einer der ältesten europäischen Universitäten, hat ca. 389.000 Einwohner. Das Wahrzeichen der Stadt sind die zwei mittelalterlichen Türme *della Garisenda* und *degli Asinelli*. International bekannte kulinarische Spezialitäten aus Bologna sind *Tortellini* (mit Hackfleisch gefüllte Teigwaren), *Lasagne* und *Ragù alla bolognese* (Tomatensoße mit Hackfleisch und durchwachsenem Speck).

Alessandro ora ha quasi sedici anni. È un ragazzo simpatico e bravo nello sport. Margherita è **fiera** di lui. E anche di se stessa. È **merito** suo, crede, se il figlio non **ha** mai

sentito veramente **la mancanza di** un padre. Alessandro ha preso l'**assenza** del padre come un **dato di fatto**. Il padre non l'ha mai conosciuto, ma alla fine che differenza fa? Alessandro è stato felice da bambino e lo è **tuttora**. Gli **sbalzi d'umore** delle ultime settimane non **significano** niente: tutti i ragazzi li hanno nell'**adolescenza**.

Da un po' di tempo Alessandro è più chiuso, più **silenzioso**, meno allegro e poi, **improvvisamente**, sicuro di sé, arrogante, indiscreto.

Stasera madre e figlio siedono in cucina. Per cena ci sono i tortellini.

"Li ho fatti per te," dice Margherita, "lo so che ti piacciono."

Alessandro fa un mezzo **sorriso**, ma è chiaro che il piatto che ha davanti non gli interessa.

La madre lo guarda con amore: il suo ragazzo cresce **in fretta**, ha già un po' di **barba**.

"Vuoi ancora parmigiano?" gli chiede.

"No, grazie!". Il figlio finisce la pasta in silenzio, poi dice: "Io esco.ⓘ"

"Dove vai? E la frutta?"

Senza rispondere, Alessandro prende una banana dal tavolo e va verso la porta.

"Allora?" gli grida dietro la madre.

sentire la mancanza di qu./qc.	jmd./etw. vermissen
assenza *f*	Abwesenheit
dato *m* **di fatto**	Tatsache
tuttora	immer noch
sbalzo *m* **d'umore**	Stimmungsschwankung
significare	bedeuten
adolescenza *f*	Jugendzeit, Pubertät
silenzioso	schweigsam
improvvisamente	plötzlich
sorriso *m*	Lächeln
in fretta	schnell
barba *f*	Bart

ⓘ Zur Wiederholung: **uscire** (ausgehen, weggehen) gehört zu den unregelmäßigen Verben. *Io esco, tu esci, lui/lei/Lei esce, noi usciamo, voi uscite, loro escono.*

Esercizio 1: Aggettivi. Ergänzen Sie die passenden Adjektive mit den korrekten Endungen.

silenzioso | contento | arrogante | grande | simpatico

1. Margherita è _contenta_ del figlio.
2. Alessandro non ha ________________ problemi.
3. Tutti i ragazzi qualche volta sono un po' ________________ con i genitori.
4. Alessandro da un po' di tempo è più ________________.
5. I suoi amici sono ________________.

"Allora niente. Ho quasi sedici anni, tutti i miei amici escono la sera."

"Infatti non ti dico di non uscire. Voglio solo sapere dove vai."

"**Fatti miei**! Anche tu, mi sembra, tieni diverse cose per te."

"Che cosa vuoi dire?"

"Hai capito benissimo."

Il tono del ragazzo è aggressivo.

"Ma che hai? Non ti sei fatto problemi per anni e ora tutte queste domande... così, da una settimana all'altra. Ti capisco, ma non so chi è tuo padre[i]. **Rispetta** il mio passato, per favore."

"Il tuo passato è anche il mio."

> Grammatikalisch gesehen, müsste nach **non so** der Konjunktiv stehen. Im gesprochenen Italienisch wird häufig statt des Konjunktivs das Präsens verwendet: *non so chi è* statt *non so chi sia*.

Alessandro vede che la madre **è a disagio**. È così anche per lui. Gli dispiace, ma le parole di lei non gli bastano.
Margherita capisce che deve essere più precisa se vuole chiudere definitivamente la **questione**.
Deve accettare la discussione con Alessandro.
"È stato tanti anni fa..." comincia.
"Ma non un **secolo**. Com'è possibile che non ricordi più il nome?"
Sulla **scelta di un tempo** Margherita non ha mai avuto **dubbi**: ha preso la **decisione** giusta portando avanti la **gravidanza** da sola. È stata dura, ma **ce l'ha fatta**. Solo con lei, Alessandro è cresciuto benissimo. Adesso però vuole sapere chi è suo padre.
Le domande del figlio trovano Margherita **impreparata**. **Ha** sempre **temuto** questo momento, ma, al tempo stesso, non ha mai voluto pensarci **seriamente**: **ha sperato** di non doversi trovare mai in questa situazione.
Per lei il padre di Alessandro è stato soltanto un flirt estivo. Non prova più niente per quell'uomo. E poi **chissà** come reagisce quello se lei fa il suo nome?
Margherita è decisa a non parlare, anche se deve **mentire**.
Il figlio aspetta una risposta.

ϟ **Fatti miei!**	Meine Sache!
rispettare	respektieren
essere a disagio	sich unbehaglich fühlen
questione *f*	Angelegenheit
secolo *m*	Jahrhundert
scelta *f*	Entscheidung, Wahl
di un tempo	einstig
dubbio *m*	Zweifel
decisione *f*	Entscheidung
gravidanza *f*	Schwangerschaft
ϟ **farcela**	es schaffen
impreparato	unvorbereitet
temere	(be)fürchten
seriamente	ernsthaft
sperare	hoffen
chissà	wer weiss
mentire	lügen

Per qualche secondo ancora la donna pensa. Si sente con le spalle[i] al muro. Ha un'idea, ma è una **bugia** che può dare di lei un'immagine sbagliata. Neanche questo le sembra giusto. Alla fine dice: "Non è che non ricordo il nome, è **proprio** che... non lo so di preciso. Sì, ho preferito non saperlo."

> **Spalla** heißt Schulter. Im Plural wird der Begriff oft figurativ verwendet und lässt sich dann mit „Rücken" bzw. „hinten" übersetzen: z. B. *con le spalle al muro* = mit dem Rücken zur Wand; *assalire qu. alle spalle* = jmd. von hinten anfallen.

"Hai preferito non saperlo?! Che cosa significa?"

"Quello che ho detto. **Ai miei tempi** noi ragazzi eravamo[i] più liberi di voi, il sesso era reale, non virtuale. Erano altri tempi, credimi, non ero solo io... Quell'estate al mare ho conosciuto un paio di ragazzi, uno non era nemmeno italiano. Erano ragazzi **carini**, ma del tipo che può piacere a vent'anni. L'amore, quello vero, è un'altra cosa. Così quando sono **rimasta incinta**..."

> **Eravamo** ist die 1. Person Plural vom *Imperfetto* des Verbs *essere*: *io ero* (ich war), *tu eri* (du warst), *lui/lei/Lei era* (er/sie/Sie war), *noi eravamo* (wir waren), *voi eravate* (ihr wart), *loro erano* (sie waren).

"... non hai voluto sapere chi di loro era il padre di tuo figlio. Brava!"

Alessandro guarda la madre **severamente**.

"Non hai pensato che invece un figlio, prima o poi, vuole sapere? Non posso crederci... No, non ci credo!"

Secondo il ragazzo, Margherita sta mentendo.

La conosce troppo bene.

bugia *f*	Lüge
proprio	*hier:* wirklich
ai miei tempi	zu meiner (Leb)zeit
carino	*hier:* nett
rimanere incinta	schwanger werden
severamente	streng

"Invece è andata così," insiste lei. "Forse per te è difficile accettarlo, ma è stato per il tuo **bene**. Se ci pensi, è stata una scelta **responsabile**. Quando due non si conoscono veramente, finiscono per **litigare** e il bambino **soffre**. Che cosa se ne fa un figlio di un padre così?"

"Così come?"

Margherita **sospira**.

"Insomma, Alessandro: ti **è mancato** qualcosa finora? Non mi sembra."

"Ma non è questo il punto, mamma..."

"E poi, scusa, anche sapendo quel nome che cosa cambia? A questo punto tu sei un **estraneo** per tuo padre e lui lo è per te. E

bene *m*	Wohl
responsabile	verantwortungsbewusst
litigare	streiten
soffrire	leiden
sospirare	seufzen
mancare	fehlen
estraneo *m*	Fremder

Esercizio 2: Parole della stessa famiglia. Welche Verben haben denselben Stamm wie die Substantive? Schreiben Sie auf!

1. rispetto *rispettare*
2. discussione ____________
3. scelta ____________
4. decisione ____________
5. risposta ____________
6. mancanza ____________

adesso basta, smetti[i] di pensare a questa vecchia storia, guardiamo avanti!"
Alessandro va a chiudersi in camera sua.
La madre resta in cucina. È nervosa. Accende il televisore per **distrarsi**. Vuole dimenticare quella brutta discussione. Tra lei e il figlio c'è sempre stato un rapporto di **fiducia**. Questa fiducia ora si è rotta[i] e la **colpa** è sua.

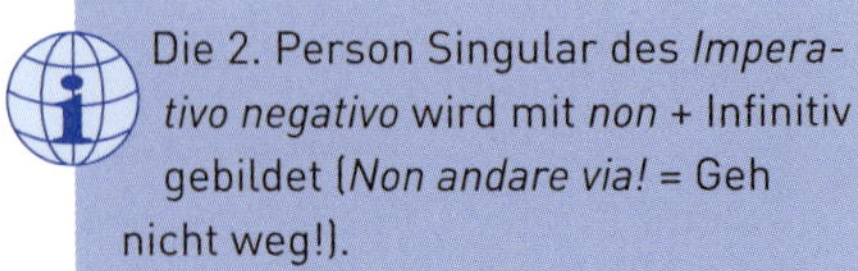

Die 2. Person Singular des *Imperativo negativo* wird mit *non* + Infinitiv gebildet (*Non andare via!* = Geh nicht weg!).

Rotta ist das unregelmäßige Partizip Perfekt von *rompere* (zerstören).

Il giorno dopo, quando Alessandro rientra da scuola, non trova nessuno a casa. La madre gli ha lasciato il pranzo.
Il ragazzo però mangia in fretta un panino, senza nemmeno sedersi.
Non vuole **perdere** tempo: se lo fa, deve farlo adesso, prima del ritorno della madre. Se lo fa...
Alessandro è indeciso. Ha sempre rispettato la sfera privata della madre. Ma lei non è il tipo da avere storie parallele, la sera prima gli ha mentito. Quindi adesso **non è il caso di** farsi tanti problemi.
La porta della camera di Margherita è chiusa.

distrarsi	sich ablenken
fiducia *f*	Vertrauen
colpa *f*	Schuld
perdere	verlieren
non è il caso di...	man sollte nicht...
intorno	umher, herum
cassettone *m*	Kommode
provare pena per qu.	Mitleid mit jmd. haben
in grado di	imstande, in der Lage
pezzo *m*	Teil
traccia *f*	Spur
convinto	überzeugt
ingiustizia *f*	Ungerechtigkeit
ϟ **sparire nel nulla**	abtauchen
vigliacco *m*	Feigling

Esercizio 3: Vero o falso? **Welche Aussagen stimmen? Kreuzen Sie an!**

1. Margherita non sa che cosa rispondere al figlio quando vuole sapere il nome di suo padre. ❐
2. Margherita ha paura di dire la verità perché Alessandro è in un'età difficile. ❐
3. Lei ama ancora il padre del ragazzo. ❐

Alessandro la apre e sente subito il profumo della madre. Lui lì non entra quasi mai.

Il letto è ordinato. Sul tavolo c'è un libro aperto. È una camera semplice. Margherita ha un gusto molto personale che al figlio piace.

Oggi però Alessandro si guarda **intorno** con occhi diversi.

È strano, ma non ha mai pensato alla madre come a una donna ancora giovane e sola. Ora invece, davanti alla fotografia di lui bambino sul **cassettone**, **prova** quasi **pena per** lei.

Improvvisamente si sente forte, **in grado di** rimettere a posto da solo i **pezzi** mancanti del puzzle della sua vita.

Nella camera di Margherita cerca una **traccia**, un inizio. Vuole arrivare all'uomo che, ne è **convinto**, sedici anni prima ha fatto un'**ingiustizia** a lui e alla madre. Non si mette una ragazza nei guai[i] e poi si **sparisce nel nulla**: chi lo fa, è un **vigliacco**.

> Das Wort **guaio** heißt Unglück, Ärger. Der umgangssprachliche Ausdruck **mettere qualcuno nei guai** bedeutet so viel wie: jemanden in Schwierigkeiten bringen. Auf eine junge Frau bezogen, weist die Wendung oft auf eine ungewollte Schwangerschaft hin.

Alessandro cerca con metodo. Nell'appartamento ci sono solo la cucina e due camere da letto. Se la madre **ha conservato** qualcosa, si trova sicuramente lì.

Die **confetti** sind Bonbons ähnlich wie die Pariser Mandeln. Hübsch verpackt, werden sie traditionell bei Taufen, Erstkommunionen und Hochzeiten als Gastgeschenke verteilt. Die deutschen Konfetti heißen hingegen *coriandoli*.

I **ricordi** di Margherita sono tutti in una **scatola** nell'**armadio**: vecchie fotografie, cartoline, qualche **biglietto** del figlio per la **festa della mamma**, i confetti[i] della prima comunione di Alessandro... e la lettera d'amore di un certo Francesco Rossetti.

La data della lettera è compatibile con la **relazione** che ha portato alla nascita di Alessandro. L'indirizzo del **mittente** è: via Flaminia 17, Rimini. Nella busta c'è anche una fotografia di Margherita in bikini sulla spiaggia con un ragazzo biondo.

conservare	aufbewahren
ricordo *m*	*hier:* Erinnerungsstück
scatola *f*	Schachtel
armadio *m*	Schrank
biglietto *m*	Karte; (Geld)schein
festa *f* **della mamma**	Muttertag
relazione *f*	Beziehung
mittente *m/f*	Absender(in)
emozionato	aufgeregt
assomigliare (a qu.)	(jmd.) ähneln
specchio *m*	Spiegel
scuro	dunkel
sopracciglia *f, pl*	Augenbrauen
simile	ähnlich
biondino *m*	der blonde Junge
sentimento *m*	Gefühl
contrastante	widersprüchlich
confermare	bestätigen
opinione *f*	Meinung
al tempo stesso	gleichzeitig
deluso	enttäuscht
svolta *f*	Wende
comportamento *m*	Benehmen
rovinare	ruinieren

Alessandro è **emozionato**: è quello suo padre? E lui gli **assomiglia**? Assomiglia a quel vigliacco? Con la foto in mano, si guarda allo **specchio**. Almeno i capelli, **scuri**, sono quelli di Margherita. La linea delle **sopracciglia**, invece, è molto **simile** a quella del **biondino** e forse anche il colore degli occhi.
Nel testo della lettera ci sono solo romantiche banalità: Francesco è a Roma per motivi di studio, non riesce a concentrarsi, pensa sempre a Margherita e sente tanto la sua mancanza, specialmente la notte.

Esercizio 4: L'alternativa giusta. Lesen Sie weiter und unterstreichen Sie die korrekte Variante!

Alessandro legge il foglio un paio di volte con **sentimenti contrastanti**. **1.** Da / Su una parte quelle parole senza originalità gli **confermano** l'**opinione** negativa che si è fatta **2.** del / con il padre. **3.** Nel / Al **tempo stesso** però è **deluso**. Forse, senza dirlo nemmeno **4.** a / con se stesso, ha sperato in una **svolta** positiva, in una spiegazione accettabile **5.** per il / al **comportamento** del padre. Invece è andata come succede spesso: il romantico studente ha avuto paura di **rovinare** la sua carriera.

Infatti non ci sono altre lettere di Francesco. E nemmeno una traccia degli altri flirt estivi di cui Margherita ha parlato.

Per Alessandro questa è la **conferma** definitiva che quei partner sono in realtà uno solo, Francesco Rossetti.
La madre non gli ha detto la verità, ma forse vuole farlo in futuro. Per questo ha conservato la lettera. Ai suoi occhi **evidentemente** il figlio è ancora un ragazzino, preferisce aspettare prima di dirgli che lui per il padre non ha mai significato niente.

Quando la signora Maggioni torna a casa, vede dall'**ingresso** Alessandro davanti al laptop. La porta della sua camera è aperta. Forse è un segnale positivo: Alessandro vuole mostrare che studia per farsi **perdonare** la discussione del giorno prima.
Margherita fa un saluto a distanza.
"Ciao, sono io... Tutto bene?"
"Mmm... forse."
La risposta del figlio è poco chiara, ma non ha un tono aggressivo.
La donna sorride tra sé: il **brutto** è passato.
Poi va in cucina e apre il giornale.

conferma *f*	Bestätigung
evidente-mente	offensichtlich
ingresso *m*	Eingang
perdonare	verzeihen
brutto *m*	Schlechte
andare avanti	weitergehen, weiter machen
apertura *f*	Öffnung
opposto	entgegen-gesetzt
pensiero *m*	Gedanke
commerciali-sta *m/f*	Steuerbera-ter(in)
studio *m*	*hier:* Büro
allenare	trainieren
squadra *f* **gio-vanile**	Jugendmann-schaft
voce *f*	Stimme
ridere	lachen
un passo *m* **alla volta**	ein Schritt nach dem anderen
pettinatura *f*	Frisur
curato	gepflegt
cellulare *m*	Handy

Ma il ragazzo non studia, come crede Margherita. Sta cercando sui social network un Francesco Rossetti alto e biondo di circa quarant'anni nella zona tra Bologna e Rimini. Questa adesso è la sua priorità, non la scuola. La madre non vuole aiutarlo? Bene, lui **va avanti** da solo.

"Un biglietto per Imola[i], andata e ritorno, per favore."
È mattina presto. Alessandro non è andato a scuola, ma in stazione. Vuole arrivare a Imola in tempo per l'**apertura** degli uffici. Il viaggio è breve, più o meno mezz'ora. Sul treno il posto libero non è un problema, a quell'ora quasi tutti viaggiano nella direzione **opposta**. Nel vagone c'è solo un signore che dorme. Alessandro si siede, solo con i suoi **pensieri**.

Imola, eine kleinere Stadt ca. 40 km südöstlich von Bologna, ist vor allem wegen der Motorsportveranstaltungen bekannt. Bis 2006 wurden dort Formel-1-Rennen ausgetragen.

Finalmente l'ha trovato. L'uomo della foto è un **commercialista** di Imola. Ha lo **studio** in centro, nel tempo libero **allena** una **squadra giovanile** di basket ed è stato attivo nella politica locale. Dalle informazioni su Internet sembra un uomo con molti amici e che conosce tanta gente, una persona estroversa. Ma è veramente così? È lo stesso dei tempi dell'università o è diventato meno egoista? Che **voce** ha? Come **ride**? Come cammina? Pensa mai al figlio che non ha voluto conoscere?
Alessandro è nervoso, controlla l'orologio. Manca poco all'arrivo. Il ragazzo non ha un piano preciso, comincia ad avere una certa paura.
"**Un passo alla volta**," si dice scendendo dal treno, "intanto vado lì, poi vedo. Magari oggi Rossetti non è in ufficio."
Rossetti: lo chiama così, con il cognome, come per tenere le distanze.

Pettinatura curata, giacca e cravatta, valigetta in una mano, **cellulare** nell'altra, il commercialista arriva mentre Alessandro aspetta davanti al **palazzo**. L'uomo va **veloce**, forse è in ritardo. Quando passa vicino al ragazzo, non lo guarda nemmeno. E Alessandro, emozionatissimo, non fa nulla per **attirare la sua attenzione**.

Mezz'ora più tardi è ancora lì, **indeciso**, quando Rossetti esce. Questa volta lo **segue** da lontano. Trova il **coraggio** di entrare dopo di lui in un bar per sentirne almeno la voce. Di nascosto, lo osserva mentre parla con il barista e un altro signore. Rossetti è sicuro di sé, ma anche gentile, **cordiale**.

palazzo *m*	*hier*: Gebäude
veloce	schnell
attirare l'attenzione	die Aufmerksamkeit auf sich ziehen
indeciso	unentschlossen
seguire qu./qc.	jmd./etw. folgen
coraggio *m*	Mut
cordiale	höflich

Esercizio 5: Definizioni. Welche Berufe sind gemeint? Schreiben Sie auf!

1. Organizza l'ufficio. S E G R E T A R I A
2. Aiuta i clienti quando devono pagare le tasse.

   _ _ _ _ _ R _ _ _ _ _ _ _ _ _ _

3. Insegna all'università. _ _ _ _ _ _ _ O _
4. Cura i denti delle persone. _ _ _ T _ _ _ _
5. Porta i piatti ai tavoli del ristorante.

   _ _ _ _ _ I _ _ _

Alessandro è **spaesato**: suo padre sembra simpatico. **Magari** è veramente simpatico, è la brava persona che sembra. Si può **giudicare** qualcuno solo sulla base di un **errore di gioventù**? Senza aver detto a Rossetti una sola parola, il ragazzo riprende il treno per Bologna.

È scontento, arrabbiato con se stesso, non capisce che cosa gli succede. Vuole affrontare il padre da giorni, ma davanti a lui non riesce ad aprir bocca. Lo **disprezza**, ma sente anche il forte **bisogno** di conoscerlo meglio.

Il pensiero del padre non gli dà pace nemmeno nei giorni seguenti. Con l'insicurezza di un giovane in crisi, Alessandro torna a Imola altre volte. Sempre cercando di non farsi notare, **scopre** dove Rossetti abita, in quale **palestra** va, qual è il suo bar preferito. Ha deciso di aspettare prima di parlargli. Per il momento vuole avere su di lui una specie di controllo a distanza. Gli piace l'idea di sapere tutto di lui mentre lui non **sospetta** nulla. È un silenzioso **trionfo** sull'uomo che tanti anni prima lo ha **rifiutato** e, **in fondo**, anche un modo di entrare nella sua vita.

Pace heißt Frieden aber auch Ruhe, Seelenfrieden.
Häufig verwendete Redewendungen sind: *fare (la) pace* = Frieden schließen, sich versöhnen; *non dar(e) pace* = verfolgen; *mettersi l'animo in pace* = sich abfinden, es gut sein lassen; *lasciare in pace* = in Ruhe lassen.

spaesato	verwirrt
magari	vielleicht
giudicare	verurteilen
errore *m* **di gioventù**	Jugendfehler
disprezzare	verachten, missachten
bisogno *m*	Bedürfnis
scoprire	entdecken
palestra *f*	Fitnessstudio
sospettare	*hier:* ahnen
trionfo *m*	Triumph
rifiutare	ablehnen, zurückweisen
in fondo	im Grunde

Una volta, con una scusa, **suona il campanello** di un **vicino** e **sale** fino all'appartamento di Rossetti. **Accanto alla** porta c'è un **passeggino** rosa.

suonare il campanello	klingeln
vicino *m*	Nachbar
salire	steigen
accanto a	neben
passeggino *m*	Buggy
sgarbato	unhöflich
spiacevole	unangenehm
evidente-mente	offensichtlich
esterno	Außen-
scolastico	Schul-
voto *m*	(Schul)note
educare	erziehen
delusione *f*	Enttäuschung
compito *m* **in classe**	Schulprüfung
indifferenza *f*	Gleichgültigkeit
materia *f*	Fach

Margherita non sa nulla dei viaggi del figlio.
Alessandro adesso è meno **sgarbato** con lei, non le fa più domande **spiacevoli**. **Evidentemente** si è messo l'animo in pace sulla questione del padre. Spesso va a studiare da un amico, ma è normale: alla sua età il mondo **esterno** è più interessante della famiglia. Inoltre è vicina la fine dell'anno **scolastico**, sicuramente Alessandro non vuole rischiare dei brutti **voti**. Nonostante i problemi dell'età, rimane il ragazzo serio e responsabile di sempre. È così che è stato **educato**.
La **delusione** per Margherita arriva un paio di giorni dopo. L'ultimo **compito in classe** di matematica del figlio è andato male.
Lui lo dice con **indifferenza**.
"Ho preso quattro [i] in matematica."
"Come mai? La matematica è la tua **materia** preferita. E Lorenzo? Avete studiato insieme."
"A Lorenzo è andata un po' meglio: sei meno."

> In italienischen Schulen gehen die **Noten** von 1 (sehr schlecht) bis 10 (sehr gut). Hat man eine 6, so hat man die *sufficienza* (d.h. die Note „ausreichend").

"In ogni caso lui ha la sufficienza. Tu comunque puoi ancora **rimediare**. Mi prendo una mattina libera e vado a parlare con la signora Orlandi. È un'insegnante brava, di quelle che aiutano i ragazzi. Sicuramente può **consigliarmi** degli esercizi o un tutorial su Internet, così..."

Per andare a Imola, Alessandro ha fatto delle assenze **falsificando** la **firma** del genitore. Quindi dice subito: "Ma no, mamma, non c'è bisogno che parli tu con l'Orlandi, ci penso io. E poi il compito è andato male in generale, non solo a me. Stai tranquilla!"

È proprio quello che Margherita vuole sentire: non c'è motivo di **preoccuparsi**. Il figlio è in un momento difficile come tanti altri ragazzi della sua età. In ogni caso lei ha fatto bene a non dirgli il nome del padre. A sedici anni Alessandro non ha ancora l'**equilibrio necessario** per affrontare nuove situazioni. È meglio lasciar passare l'adolescenza.

rimediare	aufholen
consigliare	empfehlen
falsificare	fälschen
firma *f*	Unterschrift
preoccuparsi	sich Sorgen machen
equilibrio *m*	Ausgeglichenheit; Gleichgewicht
necessario	notwendig
aria *f*	Luft
panchina *f*	Sitzbank
di fronte	gegenüber
faccia *f*	Gesicht

Sono le sette di sera di un venerdì di maggio. Fa quasi caldo, l'estate è già nell'**aria**. Alessandro siede su una **panchina** con gli occhi fissi sul palazzo **di fronte**. Una finestra dell'appartamento di Rossetti è aperta. Ogni tanto si vede una donna, ma lui non è ancora tornato a casa.

Il ragazzo lo aspetta da più di un'ora.

Finalmente si sente pronto. Sa che cosa dire a Rossetti, che cosa chiedergli. Il padre non è più una figura astratta, ha un nome, una **faccia**, un lavoro, una casa, una famiglia, un'*altra* famiglia.

Alessandro lo ha visto in abiti da ufficio e in **tuta da ginnastica**, lo ha visto stressato, ma anche allegro, sorridente, simpatico. Ha avuto bisogno di tempo per **abituarsi a** lui e per chiarire i propri sentimenti. La prima **impressione**, di brava persona, lo ha **confuso**. Ha quasi pensato, se non di perdonare, almeno di scusare Rossetti. Adesso però è definitivamente convinto: il padre è stato un vigliacco e un egoista con lui e sua madre. Forse Rossetti non si è mai sentito così, o forse ha dimenticato i **sensi di colpa**. In ogni caso lui, Alessandro, oggi è lì per **metterlo di fronte alle** sue **responsabilità**.

"**Insomma**, mi dici che cosa vuoi?"

La voce di Rossetti viene dalle sue spalle, lo **coglie di sorpresa**. Il ragazzo **si alza di scatto** e **si gira.**

Il commercialista gli va più vicino e **continua**: "Ti ho visto. È da tanto tempo che mi segui! Sparisci o chiamo la polizia."

"No," risponde Alessandro rosso in viso, "io non sparisco come hai fatto tu! Non sono un vigliacco come te!"

"Io un vigliacco? Ma che cosa stai dicendo? Tu sei **matto**... **probabilmente** sei **fatto**. Questo però non è un posto per i drogati, qui vengono a giocare i bambini."

tuta *f* **da ginnastica**	Jogginghose
abituarsi a qu./qc.	sich an jmd./etw. gewöhnen
impressione *f*	Eindruck
confondere	verwirren
senso *m* **di colpa**	Gewissensbiss
mettere qu. di fronte alle proprie responsabilità	jmd. mit seiner Verantwortung konfrontieren
Insomma!	Hör mal!
cogliere di sorpresa	überraschen
alzarsi di scatto	aufspringen
girarsi	sich umdrehen
continuare	fortsetzen, fortfahren
matto	verrückt
probabilmente	wahrscheinlich
ϟ **fatto (di droga)**	voll mit Drogen

Il ragazzo non **si muove**.
"Mi hai sentito?" insiste Rossetti.
"Non sono un drogato, sono tuo figlio."
Il commercialista fa istintivamente un passo indietro. Guarda quel ragazzo alto e magro e cerca di capire cosa ha detto. Non sembra **pericoloso**, ma dice cose assurde. Drogato o no, ha sicuramente qualche problema.
"Ascolta," gli dice, "forse è meglio che vai al **pronto soccorso**."
Poi prende un biglietto da cinque euro: "Ecco, per... l'autobus... o un panino..."
"Allora non hai capito. I tuoi soldi non mi interessano, io voglio una **spiegazione**."
"Spiegazione di che cosa?"

muoversi	sich bewegen
pericoloso	gefährlich
pronto soccorso *m*	Notfallaufnahme
spiegazione *f*	Erklärung
divertirsi	sich amüsieren
espressione *f*	(Gesichts)ausdruck
intanto	*hier*: vorerst
dignità *f*	Würde
conto *m*	Rechnung

"Perché ti **sei divertito** con Margherita Maggioni e poi l'hai lasciata? Mi dici perché?"
Sentendo quel nome, Rossetti cambia **espressione**.
"Sai che cosa significa un figlio per una ragazza di vent'anni che lavora per studiare?" continua Alessandro. "**Intanto** può dimenticare l'università e poi... Ma tu che ne sai? Si vede che certi problemi non li hai mai avuti, dottore [i] commercialista. E ti è andata bene: mamma ha avuto troppa **dignità** per chiederti qualcosa. Però hai fatto male i **conti**: io adesso sono qui... Ciao, papà."

> Der Titel **dottore** wird in Italien jedem verliehen, der ein Hochschulstudium abgeschlossen hat. Das finale -e bei *dottore* fällt weg, wenn ein Nachname folgt:
> z. B. *Il dottor Rossi oggi è in ufficio.*
> Aber: *Il dottore oggi è in vacanza.*

Il ragazzo guarda Rossetti **con aria di sfida**.
Lui mette a **terra** la valigetta e la **busta della spesa**.
"Che bel padre di famiglia!" commenta Alessandro. "Che cosa c'è dentro la busta? I **cioccolatini** per tua moglie? O i **biscotti** per la tua bambina?"
"Come sai che ho una figlia?"
"È meglio che ti abitui all'idea che di figli ne hai due."
"Due..." ripete Rossetti confuso. "Ma come... Margherita non ha mai detto niente, mai. Mi ha lasciato **di punto in bianco** senza spiegazioni. Sono andato a Bologna per incontrarla, ma lei non è venuta all'**appuntamento**. Sei sicuro che... Perché devo essere proprio io tuo padre? E perché lei ora non c'è?"
Per Alessandro non ci sono dubbi: Rossetti è suo padre! Per quale motivo **altrimenti** la madre ha conservato quella lettera d'amore?

con aria di sfida	herausfordernd
terra *f*	*hier:* Boden
busta *f* **della spesa**	Einkaufstüte
cioccolatino *m*	Praline
biscotto *m*	Keks
di punto in bianco	völlig unerwartet, von heute auf morgen
appuntamento *m*	Verabredung, Termin
altrimenti	ansonsten
ingenuo *m*	naiver Mensch

Esercizio 6: Passato prossimo. Lesen Sie weiter und ergänzen Sie die passenden Perfektformen!

"Allora ti ricordi di lei!" dice il ragazzo.

"Naturalmente. Era bella, sicura di sé. Puoi crederci o no, ma l'**ingenuo** allora ero io. **1.** soffrire *Ho sofferto* quando

2. sparire ________________. **3.** essere ________________ la mia prima delusione d'amore. Poi **per fortuna** io **4.** tornare ________________ all'università. Dopo un po' non ci **5.** pensare ________________ più."

Rossetti sorride: "Abbiamo **passato** insieme un'estate a Rimini, tre mesi **meravigliosi**. È stato... Fammi pensare... Sì: è stato più o meno quindici anni fa. Io ero nella casa delle vacanze dei miei (i), Margherita lavorava in un albergo vicino. Eravamo così giovani!"

Mit **i miei** werden oft die eigenen Eltern bezeichnet.

"Allora avete avuto una relazione!"

"Sì, ma che cosa significa? Margherita non mi ha più cercato. Adesso si ricorda di me e dice che sono il padre di suo figlio? Troppo **comodo**!"

"È stato comodo per te **abbandonarci**!"

Alessandro parla con **rabbia**, nella sua voce si sente una delusione **profonda**.

Per Rossetti non è facile restare calmo. Ha avuto da poco una bambina. Quante ore ha già passato con lei? Quanto amore le dà? Quel ragazzo invece non ha mai avuto l'affetto del padre. Chissà com'è stata la sua **infanzia**? Quali paure ha, quali **sogni**? È suo figlio

per fortuna	zum Glück
passare	*hier:* verbringen
meraviglioso	wunderbar
comodo	bequem
abbandonare	verlassen
rabbia *f*	Wut
profondo	tief
infanzia *f*	Kindheit
sogno *m*	Traum

o non lo è? Per il momento non è importante. Rossetti non può chiudergli la porta in faccia.
"Come ti chiami?" gli chiede e lo guarda meglio: ha gli occhi chiari come i suoi, tra il grigio e il blu.

Compiere gli anni entspricht der deutschen Wendung „Geburtstag haben". *Compio sedici anni* bedeutet also: ich werde sechzehn (Jahre alt).

"Mi chiamo Alessandro. Compio sedici anni[i] il mese prossimo."
"E dove abiti? A Bologna?"
Improvvisamente Rossetti ha un brutto pensiero. Forse Margherita è **malata**, non ha molto tempo da vivere e vuole **assicurare** così il futuro del figlio. Queste cose non succedono solo nei film.
"E tua madre..." comincia, "come sta?"
"Sta bene. Non sa che ti ho cercato."
"Ah, ecco... Ma ti ha parlato di me e tu hai voluto conoscermi. Hai voluto conoscere quel vigliacco che ti ha abbandonato prima della nascita. Ti capisco. Però non è andata così. Non so che cosa ti ha detto tua madre, ma io non ho mai saputo di avere un figlio."
Alessandro ascolta in silenzio. Rossetti sta dicendo la verità? La madre ha scelto di tenerlo lontano dal padre? È possibile? Il ragazzo non sa più cosa credere.
Rossetti immagina i suoi pensieri.
"I figli sono prima di tutto della madre, ma il padre ha almeno il **diritto** di sapere che esistono. Forse per tua madre io non ero il padre **adatto**. Ha preso lei la decisione: per me e per te. Forse però c'è un motivo che noi non conosciamo. Dobbiamo parlare con lei, **incontrarci**."
"Ma mamma non..."
"Lo so, non sa nemmeno che sei qui. Intanto la chiami e le dici che rimani a cena da un amico. E io chiamo mia moglie che sicuramente si sta già **chiedendo che fine ho fatto**. Poi

mangiamo insieme una pizza e parliamo un po'. Ti riporto io a Bologna."

Alessandro è **imbarazzato**. A questo punto non sa più nemmeno lui se quell'uomo è veramente suo padre. Per **lealtà** verso la madre deve dirgli che lei non **ha** mai **fatto** il suo nome. Così però **fa la figura del** bambino. Ha accusato Rossetti di essere un vigliacco sulla base di una lettera che in realtà non **prova** niente. **Proprio** come un bambino, si è messo in una situazione che non riesce più a controllare. Una **via d'uscita** c'è, naturalmente: il primo treno per Bologna.

"Ma se prendo quel treno, allora chi è il vigliacco?" si chiede il ragazzo.

Rossetti non gli lascia il tempo di **riflettere** ancora.

"Andiamo, dai! La vita è piena di **sorprese** e le emozioni si **sopportano** meglio a **stomaco** pieno."

Alessandro lo segue.

malato	krank
assicurare	absichern
diritto *m*	Recht
adatto	geeignet
incontrare	treffen
chiedersi che fine ha fatto qu.	*hier:* sich fragen, wo jmd. bleibt
imbarazzato	verlegen
lealtà *f*	Fairness
fare	*hier:* sagen
fare la figura di	sich benehmen wie
provare	beweisen
proprio	*hier:* genau
via *f* **d'uscita**	Ausweg
riflettere	(nach)denken
sorpresa *f*	Überraschung
sopportare	ertragen
stomaco *m*	Magen

Una decisione d'istinto

di Tiziana Stillo

Emma ist eine erfolgreiche Rechtsanwältin und arbeitet in der Kanzlei ihres strengen Vaters. Ein beruflicher Termin jagt den anderen und außer haufenweise Akten gibt es nicht viel anderes in ihrem Leben. Kann sie auf Dauer dem wachsenden beruflichen Druck standhalten?

Emma D'Orazio: Die Kanzlei ihres Vater, in der Emma als Rechtsanwältin arbeitet, hat einige wichtige Klienten, die ihre ganze Aufmerksamkeit erfordern. Aber ist das wirklich ihr Lebensziel, immer im Büro zu sitzen und nur Akten zu bearbeiten?

Leonardo D'Orazio: Leonardo, der ältere Bruder von Emma, arbeitet mit seiner Schwester in der familiär geführten Rechtsanwaltskanzlei. Er kennt die Anforderungen seines anspruchsvollen Vaters, aber hat einen guten Weg gefunden, wie er Arbeit und Freizeit verbinden kann. Leonardo unterstützt seine Schwester, wo er nur kann und ist ihr auch bei einer wichtigen Entscheidung von großer Hilfe.

Emma e Leonardo D'Orazio escono insieme dallo **studio legale** di Via Monte Napoleone[i]. Fratello e sorella, tutti e due avvocati, da qualche anno lavorano nel prestigioso studio legale di famiglia.

Via Monte Napoleone ist die bekannteste und luxuriöseste Einkaufsstraße Mailands. Alle berühmten Modelabels stellen hier in exklusiven Boutiquen ihre Kollektionen aus.

Sono le sei e mezza di sera. La strada è ancora piena di turisti. Leonardo guarda l'orologio e domanda alla sorella:

"Stasera mi vedo con alcuni amici alla Terrazza Triennale[i] per un aperitivo. Vieni anche tu?"

Die **Terrazza Triennale** ist ein Sterne-Restaurant innerhalb der Triennale di Milano, deren Ausstellungshallen dem modernen italienischen Design gewidmet sind.

"No, stasera non posso," risponde Emma. "Ho ancora alcune **pratiche** da **sbrigare**," dice poi e **indica** la borsa piena di documenti.

"Emma! Ancora lavoro? Ma tu non **stacchi** mai? Non puoi continuare così!"

"È un cliente importante, Leonardo," dice Emma per **giustificarsi**.

"Cara sorella, noi abbiamo solo clienti importanti! Qualche volta devi pensare anche a te stessa."

"Tu hai ragione, però lo sai com'è papà. Per lui deve essere tutto perfetto. Domani mi domanda se ho finito questo, se ho fatto quello e io..."

"E tu gli rispondi semplicemente 'non ancora', come faccio io."

"Ma io non sono come te, **purtroppo**..."

studio *m* **legale**	Anwaltskanzlei
pratica *f*	*hier:* Akte
sbrigare	bearbeiten, erledigen
indicare	weisen, zeigen
⚡ **staccare**	abschalten
giustificarsi	sich rechtfertigen
purtroppo	leider

"Lo so, tu sei come lui: **stacanovista** e **testarda**. Attenta però: lui **si è rovinato** la salute per il lavoro e il prestigio."

"Leonardo, ti prego, non cominciare di nuovo con le tue prediche..." risponde Emma con tono stanco.

"Le mie non sono prediche morali. **Mi preoccupo** per te," le dice il fratello dolcemente.

Emma gli **sorride** e poi dice: "Grazie, Leo, lo so. Ti prometto che la prossima volta vengo con te. Oggi però non posso proprio."

stacanovista *m/f*	Workaholic
testardo	stur
rovinarsi	sich ruinieren, sich verderben
preoccuparsi	sich Sorgen machen
sorridere	lächeln
scettico	skeptisch
rimanere fermo	stehen bleiben
invidia *f*	Neid
pesante	schwer

"Devo crederti?" risponde il fratello con tono **scettico**.

"Dico davvero. Adesso però vai, i tuoi amici ti aspettano. Buona serata!"

"Va bene. A domani."

I due si salutano.

Emma **rimane** qualche minuto **ferma** davanti allo studio e guarda i turisti che passeggiano. Prova un po' d'**invidia**. Per un momento pensa di passeggiare un po' anche lei prima di andare a casa. Subito però cambia idea. La borsa con i documenti è **pesante** e il lavoro è ancora tanto.

La mattina dopo Emma arriva al lavoro puntuale alle otto. Suo padre, l'avvocato Ludovico D'Orazio, la aspetta nel suo ufficio. La porta è aperta e Emma entra.

"Buongiorno, papà," lo saluta.

"Buongiorno, cara," risponde lui. "Hai le pratiche?"

Emma mette i documenti sulla scrivania e dice:

"Sì, ecco qui. Ho finito tutto."

"Perfetto, allora posso telefonare al cliente. Se ha tempo lo faccio venire oggi verso l'una e pranziamo insieme, va bene?"
"Va bene," risponde Emma con voce **debole**.
"Ragazza, che tono stanco! Un po' d'energia!" dice il padre con tono **severo**. "Sono le otto del mattino! Se cominci così stasera cosa fai? Prendi un caffè doppio e **forza**! Al lavoro!"

Das Verb **sentire** heißt „hören", aber auch „riechen", „schmecken" oder „spüren".

Emma sente un po' di **rabbia**, ma non dice niente. Ha lavorato fino alle due di notte. Naturalmente non ha energia. Ha anche mal di testa. Ma non vuole mostrare questa **debolezza** al padre. Segue il suo **consiglio**. Entra nel suo ufficio si siede alla scrivania e telefona al bar di fronte. Ordina un caffè doppio e un cornetto con la marmellata. Cinque minuti dopo arriva il ragazzo del bar con il **vassoio**.
Il profumo del caffè **riempie** lo studio. Ma stamattina questo profumo le **dà fastidio**. Emma ha un senso di **nausea**.
Il mal di testa si fa più forte. Emma prende una **pastiglia**. Dopo un po' arriva Leonardo. Come sempre entra senza **bussare**.
"Buongiorno," dice con voce un po' rauca. Porta ancora gli occhiali da sole.
"Hai fatto tardi, eh?" gli domanda Emma. "**Togli** pure gli occhiali."

debole	*hier*: kraftlos
severo	streng
Forza!	Auf geht's!
rabbia *f*	Wut
debolezza *f*	Schwäche
consiglio *m*	Ratschlag
vassoio *m*	Tablett
riempire	füllen
dare fastidio	stören
nausea *f*	Übelkeit
pastiglia *f*	Tablette
bussare	(an)klopfen
togliere	*hier*: ablegen; wegnehmen

Esercizio 1: Professioni. **Schreiben Sie die weibliche Form der Berufsbezeichnungen auf!**

1. l'avvocato _l'avvocata / l'avvocatessa_
2. il direttore ____________
3. il dottore ____________
4. il segretario ____________
5. il professore ____________
6. il commesso ____________

Il fratello si toglie gli occhiali. Si vede bene che ha dormito poco.
"Sì, dopo l'aperitivo siamo andati in un altro locale. Poi in un altro ancora. Insomma, poco **sonno** e qualche cocktail di troppo."
"Ecco il caffè, è ancora caldo," dice Emma e indica il vassoio del bar.
"Grazie, sorellina! Anche tu però non hai una bella faccia. Sei **pallida**! Ma stai bene?"
"Non molto," risponde Emma. "Ho un forte mal di testa. Ho preso già due pastiglie, ma non mi passa. E adesso ho anche **mal di stomaco**."
"Ma hai mangiato qualcosa?"
"No, ho la **nausea**."
"Non si prendono le medicine a stomaco vuoto! Hai lavorato fino a tarda notte, vero?"

Emma **abbassa** gli occhi e non risponde.
Leonardo vuole dire qualcosa ma il padre lo **interrompe**: "Sono le otto e mezza, caro Leonardo! Siamo in ritardo! Forza, al lavoro! Emma, il cliente **ha confermato**: ci vediamo all'una al ristorante. Va bene?"

"Emma non può venire, non sta bene," dice Leonardo.

"Come non può venire? Lei deve venire!" risponde il padre severo.

"Certo che vengo, papà, non ascoltare lui."

"Emma non sta bene," continua Leonardo.

"Che cos'hai?" domanda il padre alla figlia.

"Niente, papà, ho solo mal di testa. Ma fino all'una mi passa sicuramente. Ho già preso due pastiglie."

"Bene, ragazza, bene! Motivazione! Con la motivazione si **ottiene** tutto! Senti, non trovo la cartella con i documenti della ditta B.F.M. È forse qui da te?"

"Sì, è qui. Aspetta, la prendo."

Emma si alza dalla sedia e va verso lo **scaffale**. Ma ha un forte **giramento di testa** e cade quasi per terra. Per fortuna Leonardo ha buoni riflessi e la **sostiene**.

"Che c'è, Emma?" domanda Leonardo.

"Non lo so, mi gira la testa. Per favore, non mi lasciare," risponde la ragazza con un **filo di voce**.

"Papà, prendi un bicchiere di acqua. Sul vassoio del bar ci sono due **bustine** di zucchero, versale nell'acqua."

sonno *m*	Schlaf
pallido	blass
mal *m* **di stomaco**	Magenschmerzen
nausea *f*	Übelkeit
abbassare	senken
interrompere	unterbrechen
confermare	bestätigen
ottenere	erlangen, erzielen
scaffale *m*	Regal
giramento *m* **di testa**	Schwindelanfall
sostenere	stützen
filo *m* **di voce**	dünne Stimme
bustina *f*	Beutel, Tütchen

Il padre fa tutto senza dire una parola.
Emma beve l'acqua con lo zucchero poco per volta. Poi suo fratello la porta fino alla sedia.

Die Berufsbezeichnung **il medico** ist maskulin und wird auch für Frauen verwendet. Der Artikel bleibt dabei maskulin. Es war lange so bei vielen institutionellen Berufen, z. B. auch bei *avvocata*. Die weibliche Form *avvocata* oder *avvocatessa* wird immer gebräuchlicher.

Il padre le domanda allora:
"Va meglio, cara?"
"Sì, papà, grazie."
"Telefono al medico [i]," dice Leonardo.
"Ma no, non è necessario," protesta Emma. "Adesso sto meglio."
"Tuo fratello ha ragione," dice il padre con tono serio. "Vai dal dottore, ti **accompagna** lui. Non puoi andare da sola in queste condizioni."
"Ma il pranzo con il cliente?"
"Ci vado io," risponde il padre. "Una figlia che **sviene** a tavola non è sicuramente un aiuto," **aggiunge** poi per **convincerla**.
"Esattamente," conferma il fratello.
"E va bene," dice Emma alla fine. "Chiama il dottore."
Il dottor Corradi la **riceve** quasi subito. Il suo studio [i] non è lontano dallo studio legale D'Orazio. Leonardo entra insieme a sua sorella.

Studio bezeichnet eine Kanzlei (**studio legale**), ein Ingenieur- oder Architekturbüro (*studio d'ingegneri/di architetti*), eine Arztpraxis (*studio medico*) und das Arbeitszimmer zu Hause.

Emma descrive i sintomi e dice che ha questi problemi **già da qualche tempo**.
"Non è la prima volta che viene da me con questi sintomi, signorina D'Orazio," le dice il dottore.
Leonardo la guarda e dice:
"Hai già avuto questi problemi? Perché non mi hai detto niente?"
Emma **alza le spalle**.

Poi il dottor Corradi dice:
"Ha cambiato qualcosa nel Suo stile di vita?"

accompagnare	begleiten
svenire	in Ohnmacht fallen
aggiungere	hinzufügen
convincere	überzeugen, überreden
ricevere	empfangen
già da qualche tempo	schon seit einiger Zeit
alzare le spalle	die Schultern zucken
sfinimento *m*	Erschöpfung

"No, dottore. Ma come faccio? Non è possibile! Abbiamo così tanto lavoro! Abbiamo clienti di un certo rango, dobbiamo essere sempre disponibili, non possiamo dire: mi dispiace ma alle sei vado a casa!"
"Signorina D'Orazio, se continua così Lei va a finire in clinica per sindrome da burnout. Deve ascoltare i segnali del Suo corpo. Sono segnali di **sfinimento** psicologico e fisico. Deve prendersi una pausa."
"Ma anche l'altra volta mi ha detto di fare una vacanza."
"E Lei l'ha fatta?"

Esercizio 2: Possessivi. Unterstreichen Sie den richtigen Possessivartikel!

Emma lavora nello studio legale insieme a **1.** suo / il suo padre e **2.** suo / il suo fratello. **3.** Loro / I loro clienti sono persone importanti. Lavora troppo e non pensa **4.** a sua / alla sua salute. Quando Emma si sente male sono tutti **5.** in suo / nel suo ufficio

"Sì, ho usato il ponte del 25 aprile (i) per prendermi qualche giorno libero."
"E che cosa ha fatto?"

> Der **25. April** ist in Italien **Nationalfeiertag**. Am *Anniversario della Liberazione*, Tag der Befreiung, erinnert man sich an die Befreiung Italiens vom Faschismus und der deutschen Besatzung 1945. Gern nutzen die Italiener eventuell dadurch gewonnene Brückentage, um kurz zu verreisen.

"Sono andata in Svizzera."
"Bene! Relax in montagna?"
"No, veramente ho prenotato un tour delle città Berna, Zurigo e Ginevra."
"In quattro giorni?" domanda il dottore.
"Beh, sì ..."
"Dallo stress del lavoro allo stress delle vacanze. Sicuramente è tornata più stanca di prima."
Emma abbassa gli occhi e fa segno di sì con la testa.
"Vede, dottore," interviene Leonardo. "Lei da medico di famiglia sa che tipo è nostro padre..."
"Lo conosco bene, sì," conferma il dottore.
"Ecco, Emma non **riesce** mai a dire di no, a mettere dei limiti. per questo si trova in queste condizioni."
"Lei ci riesce, signor D'Orazio?"
Emma risponde al suo posto:
"Sicuramente meglio di me."
"Ho dovuto impararlo," continua Leonardo. "Il mio lavoro mi piace, lo faccio bene e con passione. Ma non è tutto. Sono giovane e voglio anche **godermi** la vita."
"Questo è l'**atteggiamento** giusto. Dovrebbe convincere anche Suo padre..."
"Mio padre? No, non è possibile. Discutiamo spesso, sa? Lui anche dopo l'infarto ha continuato a lavorare come prima. Prende le sue medicine regolarmente, questo sì, ma per lui la vita è il lavoro. **Non** vuole **sentire ragioni**."

Il dottore **scuote** la testa. Poi dice:
"Signorina D'Orazio, allora Le prescrivo una bella vacanza."
"Dottore, ma è sicuro che si tratta solo di stress?" domanda Emma seria.
"Signorina, un mese e mezzo fa abbiamo fatto tutte le **analisi** cliniche possibili. Non c'è niente di patologico."
"Va bene, mi prendo una pausa."
"Una vacanza," ripete il dottore. "Di almeno due o ancora meglio tre settimane. E niente tour, città d'arte, vacanze attive o cose simili. Una vacanza r-i-p-o-s-a-n-t-e! Le consiglio la campagna con i suoi ritmi lenti e naturali: un bell'agriturismo, perché no? Magari nelle Marche! La Toscana mi sembra già troppo turistica."

riuscire	es schaffen, gelingen
godersi	genießen
atteggiamento *m*	Einstellung
non sentire ragioni	nicht zu belehren sein
scuotere	schütteln
analisi *f*	Untersuchung

Leonardo risponde al posto della sorella: "Detto, fatto, dottore! Ci penso io!"
Dopo un po' fratello e sorella salutano il medico ed escono dallo studio.
Leonardo chiama un taxi. Emma allora domanda:
"Perché un taxi? Possiamo andare a piedi, mi sento già molto meglio."
"Naturalmente io torno a piedi allo studio, il taxi è per te: tu vai a casa e cominci a preparare le valigie."
"Leonardo, non sei mica (i) papà!"

(i) In Negativsätzen gilt **mica** als Verstärkung: *Non sei mica mio padre* bedeutet dann "Du bist doch nicht mein Vater!".
Mica wird auch oft in der Umgangssprache verwendet.
Z. B.: *Mica male questo tipo!*
Nicht übel dieser Typ!

"No, ma sono il tuo fratello maggiore[i] e non voglio venirti a trovare in nessuna clinica! Quindi vai a casa e cerca su Internet la tua 'terapia': un posto che ti piace e dove puoi rilassarti. Niente 'se' e niente 'ma'!"

"Agli ordini, comandante!" risponde Emma con un saluto militare. Il taxi arriva e la giovane donna sale.

Suo fratello le dice: "Ti chiamo dopo, va bene?" Emma gli sorride e fa segno di sì con la testa. Leonardo è un fratello fantastico. Da quando erano bambini l'ha sempre protetta e aiutata. È fortunata ad averlo. Seduta nel taxi Emma guarda le strade **trafficate** del centro. Pensa alla vacanza forzata, al verde della campagna e sente nel cuore un **misto** di **sollievo** e felicità.

> Das Adjektiv **maggiore** ist die unregelmäßige Komparativform von „grande". **Minore** ist die unregelmäßige Komparativform von „piccolo". Die regelmäßigen Varianten „più grande" und „più piccolo" sind auch gebräuchlich.

L'agriturismo "Le Spighe" è un antico **casale**. È **immerso** nel verde della campagna marchigiana. L'agriturismo è parte di un'**azienda agricola** biologica. Ha solo quattro camere a disposizione degli ospiti. Tutte sono **arredate** con **gusto**. Da ogni stanza si ha un panorama meraviglioso sul verde.

Emma è sdraiata al sole su un **lettino**. La struttura ha una bella piscina di acqua salata. È sola. Gli altri ospiti sono tutti

trafficato	verkehrsreich
palazzo *m*	Gebäude
misto *m*	Mix, Mischung
sollievo *m*	Erleichterung
casale *m*	Bauernhaus
immerso	eingetaucht, mitten im
azienda *f* **agricola**	landwirtschaftlicher Betrieb
arredato	eingerichtet
gusto *m*	Geschmack
lettino *m*	Liegestuhl

stranieri e il giorno vanno in giro a visitare le tante bellezze della regione. Emma è lì da una settimana e sta benissimo. Il silenzio, la natura e il cibo autentico e **genuino** le fanno bene. Si è anche un po' **abbronzata**.

Dal casale esce Marcella. Ha un vassoio in mano e viene nella sua direzione. Marcella è la proprietaria dell'agriturismo. Le due donne hanno subito fatto amicizia. Marcella è una bella donna di circa quarantacinque anni. È molto aperta, allegra ed energica.

genuino	unverfälscht, naturrein
abbronzato	gebräunt
zenzero *m*	Ingwer
⚡ **Ma figurati!**	*hier*: Sicher nicht!
in disuso	außer Gebrauch
ormai	schon, bereits

"Succo di carota con limone e **zenzero** per la nostra prestigiosa avvocata!" esclama Marcella, mentre posa il vassoio con due bicchieri pieni di liquido arancione.

"Grazie, Marcella! Ti siedi anche tu?"

"Sì, a quest'ora faccio sempre una pausa. E se non ti disturbo la vorrei passare con te."

"Disturbare? **Ma figurati!** Mi fa piacere parlare un po' con qualcuno! Il relax va bene, ma un po' di compagnia è ancora meglio!"

Le due bevono il succo. Poi Emma domanda:

"Questo agriturismo è l'azienda della tua famiglia?"

"L'azienda agricola è della mia famiglia. Già mio nonno lavorava qui. L'idea dell'agriturismo però è stata mia. La casa era **in disuso** e io ho pensato di ristrutturarla e aprire quest'attività. Sono quasi sette anni **ormai**."

> Die Hafenstadt **Ancona** ist die Hauptstadt der Region Marken. Sie liegt an der Adriaküste.

"E prima che facevi?"

"Ero insegnante d'inglese in un liceo di Ancona[i]."

"Davvero?" domanda Emma sorpresa.
"Davvero. Ma ho capito che l'insegnamento non era per me, né la vita di città. Io **sono cresciuta** in campagna. Quando poi **mi sono separata** da mio marito ho capito che era il momento di cambiare tutto. Lo studio delle lingue mi è stato utile anche per aprire quest'attività: il nostro sito Internet è in italiano, inglese, francese e tedesco. La maggioranza dei nostri ospiti non sono italiani. Mi è sempre piaciuto conoscere persone di altri paesi. Per me è il lavoro perfetto!"
"Wow, ti **ammiro** molto!" dice Emma.
"E tu? Perché hai studiato **giurisprudenza**?"
"Beh, nella nostra famiglia sono tutti **giudici** o avvocati. Per mio padre era logico vedere noi figli nel suo studio legale. Io e mio fratello abbiamo continuato la tradizione di famiglia."
"E sei felice?" domanda Marcella.
Emma non risponde subito. Dopo una pausa dice:
"Abbiamo clienti importantissimi. È un lavoro di grande responsabilità ma molto prestigioso."
"Sì, ma tu sei felice?" continua Marcella con il suo modo di fare diretto.
"Felice? Beh, diciamo che sono felice di avere un lavoro così nella società di oggi. I miei compagni di università mi hanno sempre **invidiata**, tanti di loro sono ancora in cerca di lavoro. Non è facile."

crescere	(auf)wachsen, groß werden
separarsi	sich trennen
ammirare	bewundern
giurisprudenza *f*	Jura
giudice *m/f*	Richter(in)
invidiato	beneidet
squillare	läuten (Telefon)
attaccare	auflegen (Telefon)

"Questo è vero, però..." comincia a dire Marcella. Poi le **squilla** il cellulare e deve rispondere.
"Sì, arrivo subito," dice al telefono. Poi **attacca** e dice a Emma:

"Scusami, ma devo andare. Il lavoro mi chiama. Stasera alle sette c'è la **grigliata**, ricordati!"
"Perfetto! A stasera allora!"
I giorni passano ed Emma si sente sempre meglio. Le due settimane sono quasi finite. Ma sta così bene all'agriturismo che decide di fermarsi una settimana in più. Per fortuna la sua camera è ancora **disponibile**. Telefona al fratello per informarlo.
"Pronto? Leonardo? Sì, sì, tutto bene... Sei in macchina? Ok, è una cosa veloce: voglio fermarmi qui all'agriturismo un'altra settimana. Puoi dirlo tu a papà? Grazie! Sei un **tesoro**! Ciao!"

grigliata *f*	Grillfest, Grillparty
disponibile	verfügbar
tesoro *m*	Schatz
mettere via	weglegen
spento	ausgeschaltet
ordine *m*	Befehl
sogno *m*	Traum
noto	bekannt
ingenuo	naiv
sospiro *m*	Seufzer

Emma **mette via** il cellulare. Lo tiene **spento** quasi sempre. Anche questo è un consiglio, o meglio, un **ordine** del dottore! Si trova davvero bene all'agriturismo. Le piace sedersi a colazione e fare due chiacchiere in inglese con gli altri ospiti. Ha sempre amato le lingue straniere.
Quando era al liceo, il suo **sogno** era di fare la guida turistica. Era sempre affascinata da questi gruppi di turisti in piazza del Duomo. Sapere da che paese vengono, che cosa fanno e mostrargli le bellezze della sua città: questo era il suo sogno!
Naturalmente i suoi genitori non erano d'accordo. La guida turistica? Lei, figlia del **noto** avvocato Ludovico D'Orazio, alla guida uno degli studi legali più importanti d'Italia? Sogni **ingenui** da bambina!
Con un **sospiro** va a fare colazione sulla terrazza. Alcuni ospiti sono già seduti. Il profumo del caffè e dei cornetti caldi

manda via subito la malinconia. Si siede al tavolo di un'**anziana** coppia inglese. Sono un paio di giorni che fanno colazione insieme.

"Buongiorno! Qual è il programma di oggi?" domanda Emma.

"Oggi facciamo un'escursione nel Parco del Conero (i)," dice la signora in un buon italiano con un simpatico accento britannico. "Perché non viene con noi?"

Emma riflette un po'. Ripensa alle parole del dottore: riposo assoluto. Dopo due settimane di riposo assoluto però adesso ha proprio voglia di visitare qualche bellezza della regione.

"Mi sembra un'ottima idea," dice allora. "Vengo volentieri con voi!"

"Perfetto!" dice il marito con un sorriso.

I tre passano una giornata bellissima insieme. Emma sembra **rinata**.

Il giorno dopo Marcella le fa vedere l'azienda agricola. Coltivano esclusivamente in modo biologico. Non usano pesticidi. Questo significa naturalmente che il raccolto varia molto a seconda del tempo e delle **piogge**.

"Quest'anno siamo fortunati," dice Marcella.

Gli alberi di albicocche sono pieni.

"**Assaggia**," dice Marcella e dà un'albicocca a Emma.

"Mmh, è fantastica!"

Der **Parco del Conero** ist ein Nationalpark in der Region Marken, der seinen Namen dem gleichnamigen 572 m hohen Berg Monte Conero verdankt. Das 5800 Hektar große Naturschutzgebiet umfasst wunderbare Strände mit tiefblauem Wasser, sowie herrliche grüne Landschaften, die zum Wandern, Klettern oder Reiten geradezu einladen.

anziano	älter (bei Personen)
rinato	wie neugeboren
pioggia *f*	Regen
assaggiare	kosten, probieren

Esercizio 3: La famiglia. Bilden Sie aus den Buchstabenreihen sinnvolle Familienbezeichnungen!

1. Io e mio fratello siamo i glifi ________________ di nostro padre e nostra madre.
2. Papà e mamma sono i nostri rinigeto ________________.
3. La mamma di mia madre è mia annno ________________.
4. Il fratello di mio padre è mio ozi ________________.
5. La nostra famiglia è grande e abbiamo tanti tiparne ________________.

In quel momento squilla il cellulare di Emma. Ha dimenticato di spegnerlo! È suo padre. Emma fa un sospiro e risponde:
"Ciao papà!"
"Ciao tesoro, come stai?"
"Benissimo!"
"Bene, sono contento che sei tornata in forma. Qui abbiamo un sacco di lavoro. Sei pronta a ricominciare? Naturalmente senza fare tardi tutte le sere, la salute è importante!"
"Sì, papà, certo. Ci vediamo lunedì prossimo. Saluta la mamma!"
"Certo, ti saluta anche lei, allora ciao! A lunedì!"
Dopo la telefonata Emma ha la faccia seria.
"Che c'è?" le domanda Marcella.
"Niente."
"Come niente? Hai una faccia!"

"Niente..." ripete Emma con poca **convinzione**. Si gira verso l'albero, prende un'altra albicocca ma non la mangia. Poi guarda Marcella e dice a voce alta:
"In realtà io non **ho** nessuna **voglia di** tornare al lavoro! Non voglio fare più quella vita! Non mi piace! Ho trentacinque anni e se penso a una vita così fino alla pensione mi sento male!"
Dopo questo **sfogo** Emma è sorpresa dalle sue stesse parole. Sono uscite così, spontaneamente. Marcella le sorride e con voce dolce le dice: "Allora cambia vita. È sempre possibile... guarda me!"
"Non è così facile, Marcella," dice Emma. "Quando si viene da una famiglia importante come la mia si hanno degli obblighi, sono come delle regole non scritte."
"E che cosa succede se non rispetti queste regole?"
"Succede che ho tutti contro di me! E poi che cosa faccio? Ho imparato questa professione."
"Beh, forse puoi **smettere** di fare l'avvocata ma rimanere nell'**ambito** legale in modo differente."
"No, io vorrei cambiare proprio radicalmente! Ecco, questo è quello che sento. Ma che cosa? Come? Dove?"
"Apri un agriturismo!" dice Marcella e sorride.
Emma comincia a **ridere**.
"Dico sul serio!" continua Marcella. "Non avete in famiglia una casa **nobiliare** di campagna da ristrutturare?"

convinzione *f*	Überzeugung
avere voglia di	Lust haben (zu)
sfogo *m*	(Gefühls)Ausbruch
smettere	aufhören
ambito *m*	Bereich, Branche
ridere	lachen
nobiliare	Adels-
scelta *f*	Wahl
aspettativa *f*	Erwartung
superare	überwinden

"Purtroppo no!" risponde Emma. "Anche se l'idea mi piacerebbe!ⓘ"

"La cosa importante è che hai capito che vuoi cambiare. Questo è già tanto! Adesso prenditi un po' di tempo. Magari vuoi tornare all'università e studiare un'altra cosa? Oppure ti prendi un anno sabbatico?"

Der **Konditional** vom unpersönlichen Verb *piacere* heißt **mi piacerebbe** (Es würde mir gefallen).

"Questa è una possibilità," riflette Emma.

"Vedi, tu hai il vantaggio di non avere problemi finanziari. Il tuo problema sono le convenzioni sociali, le **aspettative** della tua famiglia. Questo si può **superare**, se si vuole davvero."

Esercizio 4: Presente. Lesen Sie weiter und konjugieren Sie die Verben im Präsens!

Domenica mattina, dopo colazione, Emma **1.** dovere ________________ partire. Paga il conto e poi **2.** dire ________________:

"Grazie di tutto Marcella, sono state tre settimane bellissime."

"Grazie a te della compagnia. Restiamo in contatto, va bene?"

"Sicuramente!"

"Buon viaggio!"

"Grazie!"

Emma **3.** mettere ________________ la valigia nel **bagagliaio**.

Poi **4.** salire ________________ in macchina e **collega** il suo telefonino all'autoradio. Seleziona l'album dei Negramaro (i), il suo gruppo musicale preferito. Accende il motore e **5.** partire ________________.

Dopo circa venti chilometri arriva al casello autostradale (i), prende il biglietto e entra sull'A14 in direzione Bologna, per poi cambiare autostrada e prendere l'A1 fino a Milano. In totale il viaggio dura circa quattro ore.

A metà del viaggio Emma decide di fare una pausa. Si ferma all'**autogrill**. Compra un giornale e prende un caffè.

Si siede al tavolino del bar e legge il giornale. **Si avvicinano** le vacanze estive e c'è un articolo sulle spiagge più belle d'Italia. Emma vede un paesaggio familiare: c'è una foto panoramica di Sestri Levante (i), sulla **riviera** ligure. Lì Emma ha un bell'appartamento con vista sul mare. Lo **ha ereditato** da suo nonno. È tantissimo

> **Negramaro** ist eine sehr beliebte und erfolgreiche italienische Pop-Rock-Band. Die Bandmitglieder stammen aus dem süditalienischen Apulien und haben ihre Musikgruppe nach der apulischen Weinsorte Negroamaro benannt.

> Die italienischen Autobahnen sind gebührenpflichtig. An den Mautstellen (**caselli autostradali**) zieht man seinen Coupon, bei dem man später bei der Ausfahrt zahlen muss.

> **Sestri Levante** ist eine Stadt in der italienischen Region Ligurien.

che non ci va. Quando ci è stata l'ultima volta? Forse in settembre? Non lo ricorda più.
Spontaneamente prende le chiavi dalla borsa e controlla: la chiave dell'appartamento è sempre lì insieme alle altre. Adesso che arriva l'estate deve assolutamente programmare un fine settimana a Sestri. Magari la settimana prossima, perché no?
Dopo un po' esce dall'autogrill e risale in macchina. Adesso è già sull'A1. Non passa molto tempo e arriva il **cartello** per Genova. Per andare a Sestri si deve continuare in quella direzione. A questo punto Emma segue solo il suo istinto, mette la **freccia** e va verso Genova. Nel primo pomeriggio è a Sestri Levante. Emma parcheggia la macchina. Poi **scende**, respira profondamente l'aria del mare e si sente felice.
Prende la valigia e va verso il **palazzo** dov'è il suo appartamento. Da fuori si ferma a guardare i balconi con le finestre chiuse. L'appartamento è grande ed è **disposto** su due piani. Emma entra nell'appartamento e per prima cosa apre le finestre. C'è **odore** di chiuso e di **polvere**. Bisogna pulire. Emma comincia subito. Sente una grande energia e mentre pulisce i mobili e i **pavimenti** le sembra di pulire la sua vita. Di ricominciare **da capo**.
Verso le nove di sera, quando il primo piano **brilla,** le viene in mente che nessuno sa dove si trova. Il cellulare è

bagagliaio *m*	Kofferraum
collegare	verbinden
autogrill *m*	Autobahnraststätte
avvicinarsi	sich nähern
riviera *f*	Küste
ereditare	erben
cartello *m*	Schild
freccia *f*	*hier:* Blinker
scendere	aussteigen
palazzo *m*	*hier:* Gebäude
disposto	aufgestellt, angeordnet
odore *m*	Geruch
polvere *f*	Staub
pavimento *m*	Boden
da capo	von Neuem
brillare	glänzen

nella borsa in modalità silenziosa. Emma trova quindici chiamate non risposte: sua madre, suo padre, suo fratello, la sua amica Roberta... Sicuramente sono tutti **preoccupati** per lei. Chiama subito sua madre.

"Emma, finalmente! Ma dove sei? Perché non hai telefonato? Ci siamo preoccupati!"

"Scusa, mamma, hai ragione. Ma il cellulare era nella borsa in modalità silenziosa e non l'ho sentito. Sono a Sestri."

"A Sestri? E perché?"

"Così. Ho semplicemente avuto voglia di venire qui."

"E il lavoro domani?"

"Di' a papà che non posso andare, resto qualche giorno qui."

"Perché non parli tu con lui? Lo sai che **si arrabbia**, vero?"

"Lo so mamma, per favore ..."

"Dimmi almeno una cosa, stai bene?"

"Sto benissimo, proprio per questo sono qui."

"Va bene, parlo io con papà."

"Grazie, mamma. Ti voglio bene! Ciao!"

Emma ha fame. Decide di andare a mangiare qualcosa in un ristorante. Quando torna a casa va subito a letto. È stanchissima, ma felice.

Il giorno dopo Emma si alza tardi. Esce sul balcone a piedi **nudi** ma il pavimento **scotta**. Il sole di fine giugno è già caldo. Deve andare a fare un po' di spesa. Non ha niente in casa, **neanche** il caffè.

Poi vuole pulire anche il piano di sopra, ieri non ha avuto tempo. L'appartamento è davvero grande: sopra ci sono altre tre camere e due bagni. Mentre sale la scala per andare su ripensa a Marcella e all'agriturismo. All'improvviso esclama:

"Ma sì! Questa è l'idea giusta!"

Corre su e apre tutte le finestre. Va da una camera all'altra. **Ispeziona** tutto. Torna dentro a prendere il cellulare. Comin-

cia a cercare informazioni su Internet: 'come aprire un bed & breakfast'.
Dopo due ore di ricerca **si accorge** che è ancora in pigiama ed ha una fame incredibile. Deve **assolutamente** vestirsi e andare a mangiare qualcosa.
Seduta al tavolino di un ristorante davanti a un'insalata di frutti di mare telefona a suo fratello.
"Sorellina! Bene, bene! Vedo che la vita di vacanza ti piace! Sono contento!"
"Leo, ascolta, ho un'idea fantastica. Però ho bisogno del tuo aiuto. Dove sei? In macchina?"
"No ma... che importanza ha?"
"Siediti per favore."
"Emma... parla, **dai**!"
"Voglio aprire un bed & breakfast nel mio appartamento di Sestri."
"Che cosa? Ma sei **impazzita**?"
"Forse..." risponde Emma e si mette a ridere.
I due parlano per quasi un'ora. Emma spiega tutto a suo fratello. Fino ad adesso tutte le sue decisioni sono state decisioni della famiglia: l'università, lo studio legale. Questa non è la vita che vuole lei.
"Che vita vuoi allora?" domanda Leonardo.
"Una vita dove posso decidere io!"
"Lo capisco. Ma che **c'entra** adesso un bed & breakfast? Ci sono mille altre cose che si possono fare!"

preoccupato	besorgt
arrabbiarsi	sich ärgern
nudo	nackt
scottare	heiß sein, glühen
neanche	nicht einmal
ispezionare	überprüfen
accorgersi	(be)merken
assolutamente	unbedingt
Dai!	Komm! Los!
impazzire	verrückt werden
entrarci	eine Rolle spielen, mit etwas zu tun haben

Esercizio 5: Vero o falso? Welche Aussagen sind richtig? Kreuzen Sie an!

1. Emma fa una pausa in un autogrill. ❐
2. Sul giornale c'è una foto di Milano. ❐
3. La decisione di andare a Sestri è spontanea. ❐
4. La sera Emma incontra sua madre. ❐
5. Emma decide di non andare piu al lavoro. ❐

"È un progetto che mi piace, posso incontrare gente diversa, di tutti i paesi. E soprattutto è gente che viene da me per passare dei giorni piacevoli, di vacanza. Voglio avere gente sorridente e felice intorno a me. Ecco, quest'idea mi piace e ci voglio provare."
"E se non **va in porto**?"
"Se non va bene... non lo so. Comunque lo studio legale è sempre lì, le mie competenze restano. Posso sempre tornare indietro, Leo. Adesso però voglio cambiare!"
"Lo hai già detto a mamma e papà?"
"No. Ho bisogno del tuo aiuto."
"Va bene. Quando torni ci parliamo insieme. Ma non **ti aspettare** entusiasmo o aiuto da parte loro."
"Questo mi è chiaro."

Qualche mese dopo il bed & breakfast 'Le **spighe** di Levante' è pronto ad **accogliere** i suoi ospiti.
Quando arriva la prima prenotazione online Emma telefona a suo fratello. L'ha aiutata moltissimo, **nonostante** lo stress

del suo lavoro e le **pressioni** dei genitori contrari. Il telefono squilla nell'ufficio di Leo.
"Studio legale D'Orazio, buongiorno."
"Leo! La mia prima prenotazione!"
"Congratulazioni! Aspetta che lo dico a papà, è qui nel mio ufficio."
L'avvocato Ludovico D'Orazio ha un viso serio.
"Papà," continua Leonardo. "Emma ha la sua prima prenotazione! Dobbiamo festeggiare!"
"Festeggiare? Cosa? Che mia figlia, una brillante avvocata, si è messa a servire la gente? A preparare la colazione a **perfetti sconosciuti**? Un **disonore** è questo!" **urla** il padre.
Poi esce dall'ufficio e **sbatte** la porta.
"L'hai sentito?" domanda Leonardo
"Sì," dice Emma piano.
"Mi dispiace, ma lo sai com'è."
"Lo so. Io ormai sono la **pecora** nera della famiglia."
"Per fortuna!" scherza Leo. "In ogni famiglia c'è una pecora nera, solo nella nostra non c'era. Grazie a te adesso anche noi siamo come le altre famiglie!"
"Hai ragione!" Emma si mette a ridere.
"A proposito," dice poi Leonardo. "Ho sempre dimenticato di farti una domanda: perché questo nome?"
"Beh, 'Bed & Breakfast D'Orazio' non suona bene, non trovi?"
"Certo che no, ma perché 'Le spighe di Levante'?

andare in porto	klappen, gut ausgehen
aspettarsi qc.	mit etw. rechnen
spiga *f*	Ähre
accogliere	empfangen
nonostante	trotz
pressione *f*	Druck
perfetto sconosciuto *m*	Wildfremde
disonore *m*	Schande
insegna *f*	Schild
urlare	schreien
sbattere	(zu)schlagen
pecora *f*	Schaf

"Siamo a Sestri Levante, per questo."
"Sì, ma perché 'le spighe'? Il palazzo è sul mare. Non ci sono né campi, né spighe..."
"Rifletti, Leo, che cosa mi ha cambiato la vita?"

gratitudine *f*	Dankbarkeit

Emma sorride e pensa con **gratitudine** a Marcella e al suo agriturismo.

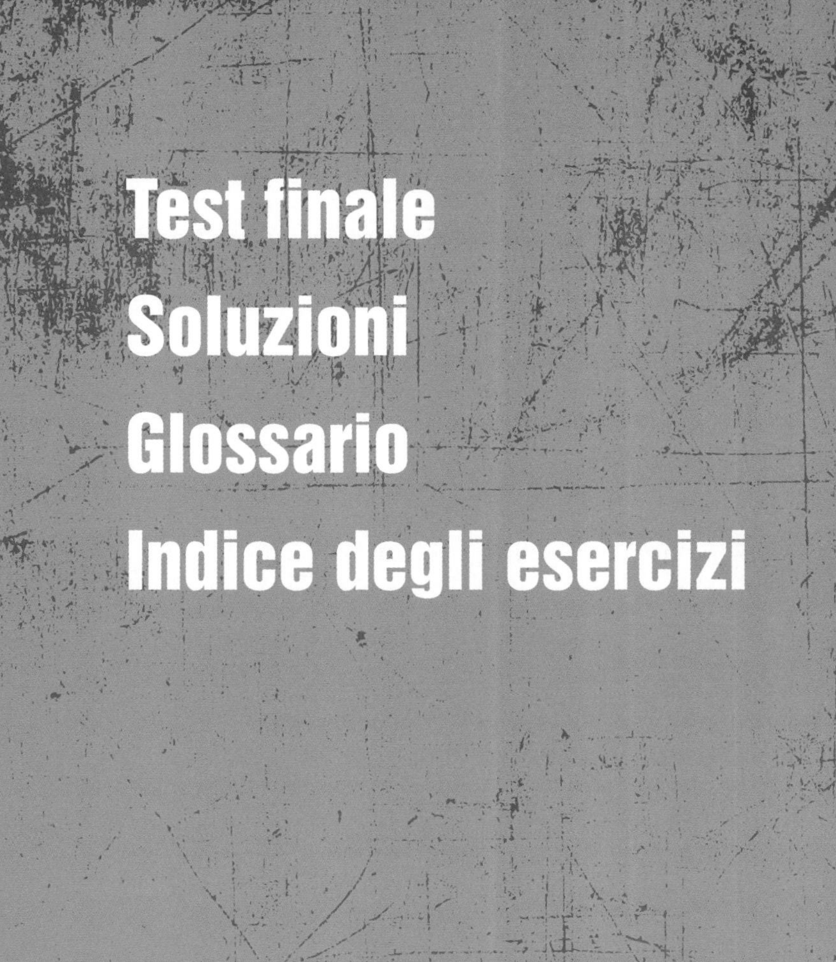

Test finale
Soluzioni
Glossario
Indice degli esercizi

Test finale

Esercizio 1: Il gioco delle coppie. **Ordnen Sie den Namen die richtigen Berufe aus *Storie sotto il Colosseo* zu!**

1. ☐ Beppe	**a)** cameriere
2. ☐ Francesca	**b)** gattara
3. ☐ Albertino	**c)** carabiniere
4. ☐ Riccardo	**d)** proprietario di un bar e osteria
5. ☐ Lietta	**e)** casalinga

Esercizio 2: Verbi irregolari. **Wie lautet das Präsens der (unregelmäßigen) Verben?**

1. Alessandro e Lorenzo essere *sono* nella stessa classe, fare ______________ i compiti insieme.

2. Rossetti uscire ______________ dall'ufficio e andare ______________ al supermercato.

3. Francesco e Alessandro volere ______________ conoscersi meglio.

Esercizio 3: Frasi interrotte. Verbinden Sie die Satzteile richtig!

1. ☐ Carmela ricorda
2. ☐ Carmela e Antonio
3. ☐ Il sindaco domanda
4. ☐ Alcune persone in paese
5. ☐ Samir salva
6. ☐ La signora Angelina chiede

a) la signora Angelina dalle fiamme.

b) sono contro i profughi.

c) scusa al ragazzo.

d) danno un appartamento ai profughi.

e) l'esperienza del nonno in guerra.

f) ai cittadini di aiutare i profughi.

Esercizio 4: Plurale. Schreiben Sie die Pluralform auf!

1. l'appartamento vuoto ____________________
2. la luce colorata ____________________
3. il negozio addobbato ____________________
4. la finestra buia ____________________
5. la notte africana ____________________

Soluzioni

Storie sotto il Colosseo

Esercizio 1: **1.** le storie **2.** i caffè **3.** le amiche **4.** i preti **5.** gli anni

Esercizio 2: **1.** è **2.** sanno **3.** è **4.** tradisce

Esercizio 3: **1.** il racconto **2.** l'amore **3.** l'uscita **4.** la cena **5.** il lavoro

Esercizio 4: **1.** possibile **2.** Oggi **3.** felicità **4.** compleanno

Esercizio 5: **1.** d **2.** c **3.** e **4.** a **5.** b

Contro le barriere

Esercizio 1: **1.** Carmela fa la cassiera in un supermercato. **2.** Il sindaco ha mandato la lettera. **3.** Il sindaco chiede di mettere a disposizione case libere per i profughi. **4.** Carmela ricorda l'esperienza di suo nonno in guerra. **5.** Loredana deve andare a un colloquio di lavoro.

Esercizio 2: **1.** d **2.** e **3.** c **4.** f **5.** a **6.** b **7.** g

Esercizio 3: **1.** con **2.** nella **3.** per **4.** di **5.** dell'

Esercizio 4: **1.** ho visto **2.** ho salutata **3.** ha risposto **4.** ho pensato **5.** ha fatto **6.** ho avuto

Esercizio 5: **1.** falso (Carmela parla con la fornaia.) **2.** vero **3.** falso (Carmela va al negozio di suo marito.) **4.** falso (Angelina non parla più con gli altri abitanti del palazzo.) **5.** vero

Un'estate a Rimini

Esercizio 1: **1.**contenta **2.** grandi **3.** arroganti **4.** silenzioso **5.** simpatici

Esercizio 2: **1.** rispettare **2.** discutere **3.** scegliere **4.** decidere **5.** rispondere **6.** mancare

Esercizio 3: **1.** vero **2.** vero **3.** falso (Non prova più niente per quell'uomo.)

Esercizio 4: **1.** Da **2.** del **3.** Al **4.** a **5.** per il

Esercizio 5: **1.** segretaria **2.** commercialista **3.** professore **4.** dentista **5.** cameriere

Esercizio 6: **1.** Ho sofferto **2.** è sparita **3.** È stata **4.** Sono tornata **5.** ho pensato

Una decisione d'istinto

Esercizio 1: **1.** l'avvocata / l'avvocatessa **2.** la direttrice **3.** la dottoressa **4.** la segretaria **5.** la professoressa **6.** la commessa

Esercizio 2: **1.** suo **2.** suo **3.** I loro **4.** alla sua **5.** nel suo

Esercizio 3: **1.** figli **2.** genitori **3.** nonna **4.** zio **5.** parenti

Esercizio 4: **1.** deve **2.** dice **3.** mette **4.** sale **5.** parte

Esercizio 5: **1.** vero **2.** falso (C'è una foto di Sestri Levante.) **3.** vero **4.** falso (La sera Emma telefona a sua madre.) **5.** vero

Test finale

Esercizio 1: **1.** d **2.** e **3.** a **4.** c **5.** b

Esercizio 2: **1.** sono, fanno **2.** esce, va **3.** vogliono

Esercizio 3: **1.** e **2.** d **3.** f **4.** b **5.** a **6.** c

Esercizio 4: **1.** gli appartamenti vuoti **2.** le luci colorate **3.** i negozi addobbati **4.** le finestre buie **5.** le notti africane

Glossario

ϟ = umgangssprachlich
f = feminin
m = maskulin
irr = unregelmäßiges Verb

a volte	manchmal
abbandonare	verlassen
abbassare	senken
abbracciare	umarmen
abbronzato	gebräunt
abete *m*	Tanne
abitante *m*	Einwohner
abituale *m/f*	*hier*: Stammgast
abituarsi a qu./qc.	sich an jmd./etw. gewöhnen
accadere *irr*	passieren
accanto a	neben
accarezzare	streicheln
accendere *irr*	einschalten
accogliere *irr*	willkommen heissen, empfangen
accompagnare	begleiten
accorgersi *irr*	(be)merken
adatto	geeignet
addobbare	schmücken
adesso	jetzt
adolescenza *f*	Jugendzeit, Pubertät
affetto *m*	Zuneigung, Liebe
affitto *m*	Miete, Mietzins
aggiungere *irr*	hinzufügen
ai miei tempi	zu meiner (Leb)zeit
aiutare	helfen

aiutarsi	sich helfen
al tempo stesso	gleichzeitig
alimento *m*	Lebensmittel
altrimenti	ansonsten
alunno *m*	Schüler
alzare le spalle	die Schultern zucken
alzarsi	aufstehen
alzarsi di scatto	aufspringen
all'improvviso	plötzlich
allenare	trainieren
ambito *m*	Bereich, Branche
ammirare	bewundern
amore a prima vista	Liebe auf den ersten Blick
analisi *f*	Untersuchung
andare *irr* **avanti**	weitergehen, weiter machen
andare *irr* **in porto**	klappen, gut ausgehen
angelo *m*	Engel
anziano	alt, älter (bei Personen)
apertura *f*	Öffnung
apparecchiare	den Tisch decken
appena	gerade
appuntamento *m*	Verabredung, Termin
aria *f*	Luft
armadio *m*	Schrank
arrabbiarsi	sich ärgern, wütend werden
arrabbiato	wütend
arredato	eingerichtet, möbliert
asciugamano *m*	Handtuch
aspettare	(er)warten
aspettarsi qc.	mit etw. rechnen
aspettativa *f*	Erwartung
assaggiare	kosten, probieren
assenza *f*	Abwesenheit
assicurare	absichern
assistenza *f* **sociale**	Sozialhilfe
associazione *f* **di volontariato**	freiwillige Hilfsorganisation
assolutamente	unbedingt

assomigliare (a qu.)	(jmd.) ähneln
attaccare	auflegen (Telefon)
atteggiamento *m*	Einstellung
attirare l'attenzione	die Aufmerksamkeit auf sich ziehen
attore *m*	Schauspieler
Auguri!	Herzlichen Glückwunsch!
autogrill *m*	Autobahnraststätte
autunnale	herbstlich
avere *irr* **bisogno**	benötigen, brauchen
avere *irr* **il coraggio**	den Mut haben
avere *irr* **paura**	Angst haben
avere *irr* **voglia di**	Lust haben (zu), mögen
avvicinarsi	sich nähern
azienda *f* **agricola**	landwirtschaftlicher Betrieb
azzurro	(Himmel)blau
baciare	küssen
bagagliaio *m*	Kofferraum
bancone *m*	Theke
barattolo *m*	*hier*: Eimer
barba *f*	Bart
barbiere *m*	Herrenfriseur
bastare	genügen, ausreichen
bene *m*	Wohl
benessere *m*	Wohlstand
biglietto *m*	Karte; (Geld)schein
biondino *m*	der blonde Junge
biscotto *m*	Keks
bisogno *m*	Bedürfnis
brillare	glänzen
brutto *m*	Schlechte
bugia *f*	Lüge
buio	dunkel
bussare	(an)klopfen
busta *f*	*hier*: Tüte
busta *f* **della spesa**	Einkaufstüte
bustina *f*	Beutel, Tütchen

caccia *f*	Jagd
calcio *m*	Fußball
cambierà	(er/sie/es) wird ändern (Futurform von *cambiare*)
capello *m*	Haar
carino	*hier:* nett; hübsch
carità *f*	Wohltätigkeit, Barmherzigkeit
cartello *m*	Schild
casale *m*	Bauernhaus
casalinga *f*	Hausfrau
cassettone *m*	Kommode
cattiveria *f*	Bosheit
cellulare *m*	Handy
cenare	zu Abend essen
centro *m* **di accoglienza**	*hier:* Erstaufnahmelager
cielo *m*	Himmel
cioccolatino *m*	Praline
cogliere *irr* **di sorpresa**	überraschen
colpa *f*	Schuld
collegare	verbinden
colloquio *m* **di lavoro**	Vorstellungsgespräch
cominciare	anfangen
commercialista *m/f*	Steuerberater(in)
commerciante *m/f*	Händler(in)
comodo	bequem
compilare	ausfüllen
compito *m* **in classe**	Schulprüfung
compleanno *m*	Geburtstag
comportamento *m*	Benehmen; Verhalten
comune *m*	Gemeinde
comunque	*hier:* immerhin
con aria di sfida	herausfordernd
conferma *f*	Bestätigung
confermare	bestätigen
confondere *irr*	verwirren, durcheinanderbringen
consegna *f*	Übergabe

conservare	aufbewahren
consigliare	empfehlen
consiglio *m*	Ratschlag
contare	zählen
contento	zufrieden
continuare	fortsetzen, fortfahren
continuare a parlare	weiterreden
conto *m*	Rechnung
conto *m* **corrente**	Girokonto
contrastante	widersprüchlich
convincere *irr*	überzeugen, überreden
convinto	überzeugt
convinzione *f*	Überzeugung
coraggio *m*	Mut
cordiale	höflich
corto circuito *m*	Kurzschluss
credere *irr*	glauben
crescere *irr*	(auf)wachsen, groß werden; *hier*: aufziehen
cuore *m*	Herz
curato	gepflegt
Che peccato!	Wie schade!
chiacchierare	plaudern
chiave *f*	Schlüssel
chiedersi *irr*	sich fragen
chiedersi *irr* **che fine ha fatto qu.**	*hier:* sich fragen, wo jmd. bleibt
chissà	wer weiss
da allora	seitdem
da capo	von Neuem
Dai!	Komm! Los!
dare *irr* **fastidio**	stören
dato *m* **di fatto**	Tatsache
davvero	wirklich
debole	*hier*: kraftlos
debolezza *f*	Schwäche
decidere *irr*	beschließen, entschließen
decisione *f*	Entscheidung

delusione *f*	Enttäuschung
deluso	enttäuscht
destino *m*	Schicksal
di fronte (a)	gegenüber (von)
di nascosto	heimlich
di punto in bianco	völlig unerwartet, von heute auf morgen
di un tempo	einstig
differenza *f*	Unterschied
difficoltà *f*	Schwierigkeit
dignità *f*	Würde
diritto *m*	Recht
disoccupato	arbeitslos
disonore *m*	Schande
disponibile	verfügbar
disposto	aufgestellt, angeordnet
disprezzare	verachten, missachten
disprezzo *m*	Verachtung
distrarsi *irr*	sich ablenken
disturbare	*hier:* keine Umstände machen; stören
divertente	unterhaltsam
divertirsi	sich amüsieren
divorziare	sich scheiden lassen
domare	*hier:* löschen; bändigen
donazione *f*	Spende
donna *f* **delle pulizie**	Reinigungsfrau
dubbio *m*	Zweifel
duro	hart, streng
Eccome!	Und ob! Und wie!
educare	erziehen
educato	wohlerzogen
emergenza *f*	Notfall
emozionato	aufgeregt
entrambi	(alle) beide
entrarci	eine Rolle spielen; mit etwas zu tun haben

equilibrio *m*	Ausgeglichenheit; Gleichgewicht
ereditare	erben
eroe *m*	Held
errore *m* **di gioventù**	Jugendfehler
esclamare	ausrufen
espressione *f*	(Gesichts)ausdruck
essere *irr* **a disagio**	sich unbehaglich fühlen
essere *irr* **convinto**	überzeugt sein
essere *irr* **disponibile**	zur Verfügung stehen
essere *irr* **in pericolo**	in Gefahr sein
esterno	Außen-
estraneo *m*	Fremder
evidentemente	offensichtlich
evitare	(ver)meiden
faccia *f*	Gesicht
falsificare	fälschen
fantasma *m*	Geist, Gespenst
ϟ **farcela** *irr*	es schaffen
fare *irr* **finta di**	so tun, als ob
fare *irr* **la figura di**	*hier*: sich benehmen wie
fare *irr*	*hier*: sagen; machen
ϟ **Fatti miei!**	Meine Sache!
ϟ **fatto (di droga)**	voll mit Drogen
favorire	fördern, begünstigen
fazzoletto *m* **di carta**	Papiertaschentuch
fede *f*	Ehering
festa *f* **della mamma**	Muttertag
fetta *f*	Scheibe
fiamma *f*	Flamme
fidanzato *m*	fester Freund, Verlobter
fiducia *f*	Vertrauen
fiero	stolz
fila *f*	Schlange
filo *m* **di voce**	dünne Stimme
firma *f*	Unterschrift
foglia *f*	Blatt (von Pflanzen)

fornaia *f*	Bäckerin
Forza!	Auf geht's!
freccia *f*	*hier:* Blinker
fumo *m*	Rauch
funerale *m*	Beerdigung, Trauerfeier
fungo *m*	Pilz
geloso	eifersüchtig
generosità *f*	Großzügigkeit
gentile	höflich
genuino	unverfälscht, naturrein
gestire	führen, verwalten, betreiben
già da qualche tempo	schon seit einiger Zeit
giocare	spielen
gioco *m*	Spiel
giramento *m* **di testa**	Schwindelanfall
girarsi	sich (um)drehen
giudicare	verurteilen
giudice *m/f*	Richter(in)
giurisprudenza *f*	Jura
giustificarsi	sich rechtfertigen
giusto	*hier:* gerade
godersi	genießen
governo *m*	Regierung
gratitudine *f*	Dankbarkeit
gravidanza *f*	Schwangerschaft
gridare	schreien
grigliata *f*	Grillfest, Grillparty
guancia *f*	Wange
guardare	*hier:* gehen (auf); schauen
guardia *f* **del corpo**	Leibwache, Bodyguard
guerra *f*	Krieg
gusto *m*	Geschmack
idoneo	geeignet, tauglich
illuminare	beleuchten
imbarazzato	verlegen
immerso	eingetaucht, mitten im
immigrazione *f*	Einwanderung

impazzire	verrückt werden
impiegare	benötigen (im Sinne von Zeit)
impiegato *m*	Angestellter
impreparato	unvorbereitet
impressione *f*	Eindruck
improvvisamente	plötzlich
in braccio	in den Armen
in disuso	außer Gebrauch
in effetti	in der Tat
in fondo	*hier*: letztendlich, im Grunde
in fretta	schnell
in grado di	imstande, in der Lage
incendio *m*	Brand
incontrare	treffen
indeciso	unentschlossen
indicare	weisen, zeigen (auf)
indifferenza *f*	Gleichgültigkeit
infanzia *f*	Kindheit
infermiere/a *m/f*	Krankenpfleger/-schwester
ingenuo	naiv
ingenuo *m*	naiver Mensch
ingiustizia *f*	Ungerechtigkeit
ingresso *m*	Eingang
innamorato	verliebt
insegna *f*	Schild
Insomma!	Hör mal!
intanto	einstweilen; *hier*: vorerst
interrompere *irr*	unterbrechen
intorno	umher, herum
intossicazione *f*	Vergiftung
intrattenimento *m*	Unterhaltung
invece	dagegen, hingegen
invidia *f*	Neid
invidiato	beneidet
ispezionare	überprüfen
lacrima *f*	Träne
lamentarsi	klagen

lanciare	werfen
lealtà *f*	Fairness
legato	gefesselt
legge *f*	Gesetz
lettino *m*	Liegestuhl; Bettchen
liberare	befreien
litigare	streiten
⚡ **Ma figurati!**	*hier*: Sicher nicht!
macchia *f*	Fleck
maestra *f*	(Grundschul)lehrerin
magari	vielleicht
maggior parte *f*	Mehrzahl
mal *m* **di stomaco**	Magenschmerzen, Bauchweh
malato	krank
malinconia *f*	Schwermut
mancare	fehlen
mancia *f*	Trinkgeld
⚡ **Mannaggia!**	Verflixt!
mantenere *irr*	*hier*: aufrecht erhalten; versorgen
marciapiede *m*	Bürgersteig
materia *f*	Fach
matto	verrückt
mentire	lügen
meraviglioso	wunderbar
meritare	verdienen
merito *m*	Verdienst
mese *m*	Monat
mettere *irr* **a disposizione**	zur Verfügung stellen
mettere *irr* **in pericolo**	gefährden
mettere *irr* **qu. di fronte alle proprie responsabilità**	jmd. mit seiner Verantwortung konfrontieren
mettere *irr* **via**	weglegen
migliore	besser
misto *m*	Mix, Mischung
mittente *m/f*	Absender(in)

modulo *m*	Formular
morire *irr*	sterben
muovere *irr*	bewegen
muoversi *irr*	sich bewegen
muretto *m*	kleine Mauer
nascita *f*	Geburt
nascosto	versteckt
nausea *f*	Übelkeit
neanche	nicht einmal
necessario	notwendig
nel frattempo	in der Zwischenzeit
nobiliare	Adels-
noia *f*	Langeweile
non è il caso di…	man sollte nicht …
non fare *irr* **male**	*hier*: nicht schaden
non le importa niente	das ist ihr vollkommen gleichgültig
non sentire ragioni	nicht zu belehren sein
nonostante	trotz
notare	(be)merken
noto	bekannt
nudo	nackt
occhiali *m, pl* **da sole**	Sonnenbrille
occhio *m*	Auge
odore *m*	Geruch
offendersi *irr*	beleidigt sein
offrire *irr*	anbieten
opinione *f*	Meinung
opportunità *f*	Gelegenheit, Chance
opposto	entgegengesetzt
ordine *m*	Befehl
ormai	schon, bereits
ottenere *irr*	erlangen, erzielen
paese *m*	Land
pagina *f*	Seite
palazzina *f*	Mehrfamilienhaus
palazzo *m*	Gebäude

palestra *f*	Fitnessstudio
pallido	blass
panchina *f*	Sitzbank
parere *irr*	scheinen
parete *f*	Wand
parrocchiale	Pfarr-
partigiano *m*	Partisan
partita *f*	Spiel
partita *f* **di calcio**	Fußballspiel
passare	(zeitlich) vergehen; *hier*: verbringen
passeggino *m*	Buggy
pastiglia *f*	Tablette
paura *f*	Angst
pavimento *m*	Boden
Peccato!	Schade!
pecora *f*	Schaf
pena *f*	*hier*: Mitleid
pensiero *m*	Gedanke
per esempio	zum Beispiel
per fortuna	zum Glück
perdere *irr*	verlieren
perdonare	verzeihen
perfetto sconosciuto *m*	Wildfremde
pericoloso	gefährlich
permettersi *irr*	sich erlauben
pesante	schwer
pettinatura *f*	Frisur
pezzo *m*	Teil
piangere *irr*	weinen
picchiare	schlagen
pioggia *f*	Regen
pittore *m*	Maler
pittura *f*	Farbe
polvere *f*	Staub
povero	arm
pratica *f*	*hier:* Akte

pregiudizio *m*	Vorurteil
premio *m*	Preis
prendere *irr*	*hier*: überkommen
prendere *irr* **in giro**	auf den Arm nehmen
preoccuparsi	sich Sorgen machen
preoccupato	besorgt
pressione *f*	Druck
Presto!	Schnell!
prigione *f*	Gefängnis
principale	Haupt-
probabilmente	wahrscheinlich
profondo	tief
profugo *m*	Flüchtling
pronto soccorso *m*	Notfallaufnahme
proprietà *f* **immobiliare**	Immobilienobjekt
proprietario/a *m/f*	Besitzer(in), Eigentümer(in)
proprio	genau; *hier*: wirklich
provare	beweisen
provare pena per qu.	Mitleid mit jmd. haben
pulire	putzen
pulmino *m*	Kleinbus
purtroppo	leider
quartiere *m*	Wohnviertel
questione *f*	Angelegenheit
rabbia *f*	Wut
raccoglitore *m*	Ordner
raccontare	erzählen
racconto *m*	Erzählung
rafforzare	bestärken
ragazza *f* **madre**	alleinerziehende Mutter
rapporto *m*	Beziehung
regalo *m*	Geschenk
relazione *f*	Beziehung
responsabile	verantwortungsbewusst
riccio	lockig
ricetta *f*	Rezept
ricevere	empfangen

riconoscere	erkennen
ricordare	erinnern
ricordo *m*	*hier:* Erinnerungsstück
ridere *irr*	lachen
riempire	füllen
rifiutare	ablehnen, zurückweisen
riflettere *irr*	(nach)denken
rimanere *irr* **fermo**	stehen bleiben
rimanere *irr* **incinta**	schwanger werden
rimanere *irr* **senza soldi**	blank sein
rimediare	aufholen
rinato	wie neugeboren
ringraziare	bedanken
rischiare	riskieren
rispettare	respektieren
riuscire *irr*	es schaffen, gelingen
riuscire *irr* **a fare qc.**	es schaffen, etw. zu tun
riviera *f*	Küste
robusto	kräftig
rovinare	ruinieren, verderben
rovinarsi	sich ruinieren, sich verderben
rubare	stehlen, klauen
rumore *m*	Lärm
salire *irr*	steigen
salvare	retten
sasso *m*	Stein
sbalzo *m* **d'umore**	Stimmungsschwankung
sbarco *m*	Ausschiffung
sbattere	(zu)schlagen
sbrigare	bearbeiten, erledigen
scaffale *m*	Regal
scappare	fliehen, flüchten
scatola *f*	Schachtel
scelta *f*	Entscheidung, (Aus)wahl
scendere *irr*	aussteigen
scettico	skeptisch
scolastico	Schul-

scoprire *irr*	entdecken
scortese	unhöflich
scottare	heiß sein, glühen
scuotere *irr*	schütteln
scuro	dunkel
scusare	entschuldigen
secolo *m*	Jahrhundert
segno *m*	Zeichen
segreto *m*	Geheimnis
seguire qu./qc.	jmd./etw. folgen
sembrare	scheinen
senso *m* **dell'umorismo**	Humor
senso *m* **di colpa**	Gewissensbiss
sentimento *m*	Gefühl
sentire la mancanza di qu./qc.	jmd./etw. vermissen
separarsi	sich trennen
seriamente	ernsthaft
severamente	streng
severo	streng
sfinimento *m*	Erschöpfung
sfogo *m*	(Gefühls)Ausbruch
sgarbato	unhöflich
Si figuri!	Macht nichts! (zu einer Person, die man siezt)
significare	bedeuten
silenzioso	schweigsam
simile	ähnlich
sindaco *m*	Bürgernmeister
sito *m*	Webseite
smettere *irr*	aufhören
soccorrere *irr*	Hilfe leisten
soffrire *irr*	leiden
sogno *m*	Traum
soldo *m*	Geld
solitario	einsam
solito	üblich, gewohnt
sollievo *m*	Erleichterung

sonno *m*	Schlaf
sopportare	ertragen
sopracciglia *f, pl*	Augenbrauen
sopravvalutare	überbewerten
sorpresa *f*	Überraschung
sorridere *irr*	lächeln
sorriso *m*	Lächeln
sospettare	*hier:* ahnen
sospirare	seufzen
sospiro *m*	Seufzer
sostenere *irr*	(unter)stützen
sostituire	ersetzen
spaesato	verwirrt
sparire	verschwinden
ϟ **sparire nel nulla**	abtauchen
specchio *m*	Spiegel
spegnersi *irr*	sich ausschalten
spento	ausgeschaltet
sperare	hoffen
spiacevole	unangenehm
spiegazione *f*	Erklärung
spiga *f*	Ähre
spingere *irr*	(an)schieben
sporco	schmutzig
squadra *f* **giovanile**	Jugendmannschaft
squadra *f*	Mannschaft
squillare	läuten (Telefon)
stacanovista *m/f*	Workaholic
ϟ **staccare**	*hier:* abschalten
stomaco *m*	Magen
studio *m*	*hier:* Büro
studio *m* **legale**	Anwaltskanzlei
subito	sofort
sul serio	im Ernst
suonare (il campanello)	klingeln
superare	überwinden; überholen
svenire *irr*	in Ohnmacht fallen

svolta *f*	Wende
svuotarsi	sich leeren
tagliare	schneiden
tassa *f*	Steuer
telefonino *m*	Handy
temere	(be)fürchten
tenere *irr*	(be)halten; *hier:* Fan sein
terra *f*	*hier:* Boden; Erde
tesoro *m*	Schatz
testardo	stur
tifare per qc./qu.	ein Fan von etw./jmd. sein
tifoso *m*	Sportfan
timido	schüchtern
togliere *irr*	*hier*: ablegen; wegnehmen
tornare in mente	sich an etw. erinnern
tossire	husten
tovagliolo *m* **di carta**	Papierserviette
traccia *f*	Spur
tradire	betrügen
traditore *m*	Verräter
tradurre *irr*	übersetzen
trafficato	verkehrsreich
tranquillo	ruhig
trasloco *m*	Umzug
trattarsi di qc.	sich um etw. handeln
trionfo *m*	Triumph
tuta *f* **da ginnastica**	Jogginghose
tuttora	immer noch
uccidere *irr*	töten
un paio di	ein Paar ...
un passo *m* **alla volta**	ein Schritt nach dem anderen
uomo *m* **d'affari**	Geschäftsmann
urlare	schreien
uscire *irr*	ausgehen
vantaggio *m*	Vorteil
vassoio *m*	Tablett
vecchietta *f*	alte Dame

vedova *f*	Witwe
veloce	schnell
venditore *m*	Verkäufer
⚡ **venire** *irr* **a letto con qc.**	mit jmd. schlafen
venire *irr* **a trovare qc.**	jmd. besuchen (kommen)
vergogna *f*	Schande; Scham
via *f* **d'uscita**	Ausweg
vicino a	neben
vicino *m*	Nachbar
vigliacco *m*	Feigling
viso *m*	Gesicht
vivace	lebhaft
voce *f*	Stimme
voltarsi	sich drehen
voto *m*	(Schul)note
vuoto *m*	Leere
vuoto	leer
zaino *m*	Rucksack
zenzero *m*	Ingwer

Indice degli esercizi

	Soggetto	Esercizio	Pagina
Storie sotto il Colosseo			
1	Grammatica	Plurale	9
2	Grammatica	Verbi regolari e irregolari	11
3	Vocabolario	Parole della stessa famiglia	13
4	Vocabolario	Traduzione	14
5	Vocabolario	Festa	19
Contro le barriere			
1	Comprensione del testo	Domande	32
2	Vocabolario	Contrari	35
3	Grammatica	Preposizioni	36
4	Grammatica	Passato prossimo	39
5	Comprensione del testo	Vero o falso?	46
Un'estate a Rimini			
1	Grammatica	Aggettivi	56
2	Vocabolario	Parole della stessa famiglia	59
3	Comprensione del testo	Vero o falso?	61
4	Grammatica	L'alternativa giusta	63
5	Vocabolario	Definizioni	66
6	Grammatica	Passato prossimo	72

	Soggetto	Esercizio	Pagina
Una decisione d'istinto			
1	Vocabolario	Professioni	82
2	Grammatica	Possessivi	85
3	Vocabolario	La famiglia	93
4	Grammatica	Presente	95
5	Comprensione del testo	Vero o falso?	100
Test finale			
1	Vocabolario	Il gioco delle coppie	104
2	Grammatica	Verbi irregolari	104
3	Comprensione del testo	Frasi interrotte	105
4	Grammatica	Plurale	105